共生への学びを拓く

SDGsとグローカルな学び

New Horizon for Living Together:
SDGs and Glocal Learning

佐藤一子
大安喜一
丸山英樹

編著

　2015年に国連で採択された「持続可能な開発目標（SDGs）」は、メディアで広くとりあげられ、全国の学校でも教材になっている。わたしたちが自然環境を大切にし、共に生きていくことは喫緊の課題なのである。今、このことを強く意識しているのが若者たちで、そうした若者たちが気候変動に対して声を上げ、新たな国際連帯をつむぎだしている。

　SDGsの17目標を2030年までに達成するには、どのように社会システムを改革し、どれほどの国際協力が求められているのだろうか。国・地方公共団体だけでなく、わたしたちがそうした改革や協力にどう関わることができるのか。実際、わたしたちの日常生活とSDGsが深くつながっているとは想像しにくい。まずは、SDGsの中の169のターゲットのいずれかに注目してはどうだろうか。その実態や背景を調べていくと、SDGsは一つのターゲットが他のターゲットや目標とも関連しており、自分の日常が他の世界へとつながっていく。その過程こそが、国内外の具体的な課題への気づきを生み出し、わたしたち自身の学びを深める道しるべとなる。

　わたしたちの生活経験は現実的で切実である。しかし、生活経験をあえて地域課題のとりくみや専門的な科学的探究と重ねることによって、生活をより深く理解できるようになる。他の人々の背景を知り、共通の問題として共有する可能性も広がる。わたしたちの日常生活をより良いものへと創り変えるヒントも見えてくるかもしれない。具体的なとりくみによって、身近なひとたちと連携

して、世代と国境をこえて動くことが大切になるだろう。そうした模索を通じて、わたしたちはグローバルとローカルな課題がたがいに連関する「グローカル」な道筋を見すえた主体となる。

　本書の主題は、「グローカルな視野」でSDGsにむきあい、「共生への学び」を拓いていくことである。学校だけでないノンフォーマルな学習と生涯にわたって「共に生きることを学ぶ」ことが21世紀の鍵であるというユネスコの提起をふまえて、本書のタイトルを「共生への学びを拓く―SDGsとグローカルな学び―」としている。わたしたち人類と自然の関係性だけでなく、民族間・異文化間・世代間における共存、生活が脅かされている人々の安全、社会の変容によって直面する地域共同体の持続可能性など、課題は多い。本書のねらいは、さまざまな格差を是正し「誰一人取り残さない」状態を実現するため、国際的視野をもちつつ地域から「共生への学び」を創造的に追求する主体の形成過程を明らかにすることである。

　本書は、「生涯学習と社会参加」を社会教育研究の主題としてきた佐藤一子の提案により、元ユネスコ専門官で現ユネスコアジア文化センター（ACCU）教育協力部長の大安喜一と、ESDを研究する比較・国際教育学者の丸山英樹が編者として加わり、さらに途上国の支援に関わってきた国際協力機構（JICA）専門家の大橋知穂氏の協力も得て企画された。SDGsにむきあう主体の形成を促すノンフォーマルな学習の具体的な展開に注目し、本書の内容は、①持続可

能な地域づくりとコミュニティ教育、②生きづらさを抱える子ども・若者の自立支援と社会参加、③多文化共生社会への模索と国際交流、④グローバル時代の平和・人権学習、文化多様性とシティズンシップ教育の4部で構成されている。本書の趣旨に賛同していただいた各部の章の論文・コラムの執筆者たちは、それぞれの最前線で豊かな経験と研究を蓄積している。本書の「共生への学び」の学習原理の探究と4部構成によるグローカルな実践的展開の構図が、学びの新たな地平を拓く手がかりとなれば幸いである。

　本書の編集のために2018年半ばに編者の協議を開始し、2019年には執筆者による検討会を重ね、2020年はコロナ禍のなかでオンラインによる編集会議を続けた。刊行を実現できたことは、エイデル研究所編集部の山添路子氏、杉山拓也氏のご協力とご支援のおかげである。深く感謝したい。

2022年1月7日

編者　佐藤一子・大安喜一・丸山英樹

目次

生きづらさを抱える
子ども・若者の自立支援と社会参加

序章

グローカルな視野でSDGsにむきあい、「共生への学び」を拓く

佐藤一子

はじめに

1970年代以降の国際社会では、グローバル化のもとで経済発展至上主義の行き詰まりと地球環境破壊によって社会の持続可能性の危機が深刻化している。国連開発計画（UNDP）をはじめ、さまざまな国際機関によって人間中心の発展が模索されてきた。国連は2000年に開始したMDGs（「ミレニアム開発目標」Millennium Development Goals）を引き継ぎ、2015年にSDGs（「持続可能な開発目標：我々の世界を変革する-持続可能な開発のための2030アジェンダ」Sustainable Development Goals）を採択した。

MDGsでは途上国の貧困や飢餓をなくすこと、子どもたちに普遍的初等教育を保障することを重点課題とした。SDGsではMDGsの未達成の課題を引き継ぐとともに、2030年をめどに地球レベルで環境保全や持続可能な開発のあり方を探り、経済・社会・環境の包括的なとりくみをつうじて、人々の安心・安全な暮らしと幸福を追求し、生きる権利の実現をめざしている。とりわけ「脆弱な人々」の支援を重視し、「我々はこの共同の旅路に乗り出すにあたり、誰一人取り残さない」という強いメッセージを発信して、あらゆる壁を乗り越える国際協力を促している[注1]。

教育のあり方をめぐっては、1990年に採択されたユネスコの「万人のための教育（Education for All=EFA）世界宣言」の理念にもとづき、MDGs

（目標2）で初等教育の完全普及が課題とされた。SDGs（目標4）ではより広い視野で「包摂的かつ公正な質の高い教育」と「生涯学習の機会」の促進をかかげ、「持続可能な開発のための教育」（Education for Sustainable Development＝ESD）、人権、平和・非暴力の文化、文化多様性の尊重、「グローバルシティズンシップ教育の形成」（Global Citizenship Education＝GCED）など、グローバル化する国際社会に生きる子ども・若者・成人、多様な地域・民族・人種等の人々の学習課題に言及している。

　ユネスコは、各段階の学校制度を中心とするフォーマルな教育の普及と教育機会の平等を促進するとともに、学校外の多様なノンフォーマル教育の重要性を提唱してきた。SDGs（目標4）では、生涯にわたるフォーマル、ノンフォーマルな教育の多様な展開によって「脆弱な人々」の学習機会を保障するとともに、経済・社会・環境の諸課題にとりくむための主体的力量を形成する学習のあり方を提起している。

　本書では地域的・地球的課題としての環境問題や社会的排除によって生きづらさをかかえている人々の実態をふまえ、ノンフォーマルな学びの意義を地域から国際的文脈へとグローカルな視野で読み解いていく。日本の実践的展開と国際比較をふまえ、SDGs（目標4）で提起されている包摂的な教育・学習のあり方を探究し、ユネスコが重視する「共に生きることを学ぶ」（learning to live together）の原理とその実践的過程を考察する。

1. 「人間の安全保障」と「持続可能な開発」
—MDGsからSDGsへ

（1）「人間開発」の指標と「人間の安全保障」

　国連は、開発援助の計画と遂行にむけて1965年に国連開発計画（UNDP）

を設置した。グローバル化が進む1990年代以降、UNDPは途上国の経済発展と先進諸国の貧困層の生活向上をとらえる指標として「人間開発指数」（Human Development Index）を策定し、国際理解を促してきた。健康（平均寿命）、教育（成人識字率、初等・中等・高等教育就学率）、生活水準（国民総所得）を俯瞰し、経済発展指標（GDPなど）とは異なる人間中心の視点で「人間らしい」生活がどのような水準にあるか、1990年以降毎年『人間開発報告書』を発表している。

　「人間開発」とは、「人間が自らの意思に基づいて自分の人生の選択と機会の幅を拡充させること」であり、「基本的な物質的・経済的豊かさに加え、教育を受け文化的活動に参加できること、バランスのよい食事がとれて健康で長生きできること、犯罪や暴力のない安全な生活が送れること、自由に政治的・文化的活動ができて自由に意見が言えること、社会の一員として認められ、自尊心を持てること—これらが揃って真の意味の『豊かさ』が実現できるという考え方」である[注2]。このような人間開発論は、インドの経済学者・哲学者でノーベル平和賞受賞者のアマルティア・センの考え方を土台としている。

　センは人間の自由と「潜在能力」（ケイパビリティ）を全般的に高めるうえで、健康な生活と基礎教育の拡充を通じて人々の貧困と社会的排除を克服することが重要であると述べている。個々人の潜在能力を高めるうえで、「人間の安全保障」（経済、保健状態、暴力、環境劣化などから生じる危険に対して人々の安全度が保たれる）を重視し、社会・コミュニティの脆弱性が人間開発の障害となることを警告した。一定の社会インフラを備えた先進諸国でも脆弱性はまぬがれない。新型コロナ感染でも明らかなように、個々人の主体性、創造性を促す人間開発にとって紛争や疫病、自然災害などがリスクとなり、コミュニティや国家、さらにはそれを越えた国際連帯が不可欠の支えとして求められている。

2000年9月の国連ミレニアム・サミットでは、アナン国連事務総長が「欠乏からの自由」と「恐怖からの自由」の2つの目標を21世紀の最優先事項とすべきとしてMDGsの意義を提唱した。MDGsでは、1日1ドル未満で生活する人口比率を半減させること、すべての子どもたちが男女の区別なく初等教育を修了できること、乳幼児の死亡率を3分の2減少させることなど極度の貧困と飢餓の撲滅をうたい、2015年に一定の達成をみた。しかし新型コロナの世界的感染で再び困難が増大している。

(2)「持続可能な開発」の課題

SDGsでは、極度の貧困、飢餓を抱えた国々・地域にとどまらず、先進諸国も当事者として社会的格差や災害、環境破壊などの地球環境的なリスクにむきあい、拡大する社会の脆弱性を克服することなど、自然・生態系と人類の共存による「持続可能な開発」が方向づけられている。

SDGsの17の目標は、5つのPに分類されている。人間（People）、繁栄（Prosperity）、地球（Planet）、平和（Peace）、パートナーシップ（Partnership）である[注3]。「地球」の分野の目標として持続可能な生産と消費の確保、気候変動等への対策、海洋資源の保護、生態系の保護などがあげられ、人類と生物・自然との共存、持続可能な資源の利用という環境保護の課題を中心にMDGsとは異なる新たな段階が示されている。5つのPに即してSDGsは以下の3つの特徴をもつといえよう。

第一に「持続可能な開発」が全目標の中枢にすえられたことである。「地球」「繁栄」の項目の大半で「持続可能な」という用語が用いられ、経済成長、技術開発、都市・居住環境など生産と消費、社会生活の総体が地球・生態系の持続可能性の危機のもとで改変を迫られていることが示されている。

「持続可能な開発」はグロ・ハーレム・ブルントラントを委員長とする国連「環境と開発に関する世界委員会」が公表した報告書『われら共有の未来』

（1987年）で提起された概念である。すでに1970年代にローマクラブの報告書『成長の限界』が、人口過剰と地球資源の限界、工業化と環境汚染、エネルギー資源の枯渇などの地球的問題群について警鐘を鳴らしていた。『われら共有の未来』は、熱帯林の破壊、砂漠化、温室効果ガス、オゾン層破壊、気候変動などの危機的な環境破壊の実態をふまえて、地球環境保護を前提とする経済開発のあり方を提唱した。「持続可能な開発」とは、資源の利用を地球資源再生サイクルの範囲内にとどめ「将来の世代の欲求を満たしつつ、現在の世代の欲求も満足させるような開発」と定義される。途上国と先進国の格差だけではなく、今生きている世代と将来の世代との公平という新たな視点が重視されている[注4]。

　その後1992年にブラジル（リオデジャネイロ）で国連環境開発会議（地球サミット）が開催され、155カ国が賛同してアジェンダ21が採択された。環境・生態系をめぐる危機意識が共有され、将来の世代に手渡される地球という認識は、SDGsの主軸にすえられることとなった。

　第二に「包摂的」(inclusive)」（「人間」「繁栄」の分野の項目）という考え方によって、さまざまな差別、生活の脆弱性に苦しむ人々の人権・人間の安全保障の問題が重視されていることである。SDGsでは、MDGsで言及されたジェンダー格差やHIV/エイズ、スラム居住者などの困難をもつ人々を、より全体的に「脆弱な (vulnerable) 人々」の問題としてとらえている。「誰一人取り残さない」という序文のことばと合わせてSDGsの強いメッセージとなっている。

　「脆弱な人々」とは、子ども・若者、障害者、HIV/エイズと共に生きる人々、高齢者、先住民、難民、国内避難民、移民を含むとされ、「特別なニーズに対する支援」の必要性が指摘されている。途上国の貧困状態が「脆弱な人々」を生む主要因となっていることはいうまでもないが、貧困解決にとどまらず、社会をより強靱 (resilient) にすることが「包摂的」な社会の条

件となる。国連では、女子に対するあらゆる形態の差別の撤廃に関する条約（1979年）、児童の権利に関する条約（1989年）、障害者の権利に関する条約（2006年）、人権教育のための国連10年（1995年〜2004年）など、「脆弱な人々」の人権保障が重要課題とされてきた。SDGsでは、教育・雇用・居住・平和などの目標で「包摂的」という用語が使われ、差別や人権への特別な配慮、支援の必要性が示されている。「包摂的な社会」は、新自由主義的競争原理による自己責任の社会で生きづらさを抱える人々が、支え合い共に生きることをめざす「多文化共生社会」の礎石である。

　第三に、平和構築とグローバル・パートナーシップの活性化（「平和」、「パートナーシップ」の分野の項目）が目標16、17に位置付けられたことである。2000年代以降核兵器廃絶への国際世論が高まり、2017年に核兵器禁止条約が採択された。しかし、国家間の平和と安全にかかわる政治的な課題を開発の目標に位置付けることはなじまないという反対意見もあって、MDGsでは「パートナーシップ」は掲げられたが、「平和」の目標は位置づけられなかった。これに対してSDGsでは、平和な国際社会の維持なくして「持続可能な開発」はないとする議論がなされ、「平和」が新たな目標にすえられた[注5]。SDGsでは、「平和と安全」について、民族自決や紛争後の支援とともに、「不平等さ、腐敗、貧弱な統治、不正な資金や武器の取引、不安及び不正義を引き起こす要因」をなくすグッド・ガバナンス、さらには異文化理解、寛容と対話、相互尊重、グローバル・シティズンシップによる共同の責任に言及している。

　グローバル・パートナーシップの活性化も、国家と国民の枠を超えた国際協力が求められる。地球環境保全をめぐるNGO・自然保護団体やそれぞれの地域社会の役割、国際社会で環境汚染への意見表明を行う若者たちなど、SDGsを意識化して行動するアクターは異業種、異世代、国境を超えて多様な地域・民族の人々に広がっている。SDGs実現の過程は、全目標を相互に

関連づける経済・環境・社会の包括的とりくみと、多様な文化をもつ各国・地域の人々の協力・連帯によって、持続的で包摂的な社会をめざす「共同の旅路」にほかならない。

2. 「万人のための教育」(EFA) と学習権の思想

(1) EFAとMDGsの教育目標

　ユネスコは「教育への権利」(「世界人権宣言」26条) にもとづき、第二次大戦後一貫してすべての人々の基礎教育の普遍的実現、機会の平等と教育権の保障をめざしてきた。

　1990年にタイ (ジョムティエン) で開催された「EFA世界会議」(ユネスコ・ユニセフ・世界銀行・国連開発計画・国連人口基金共催) には、世界各国から1500人以上が参加して「EFA世界宣言」が採択された。宣言の「前文」には世界各国で初等教育を受けられない子どもは1億人、成人非識字者は9億6千万人に及び、その3分の2が女性という実態が示された。EFAでは単に初等教育の不就学、あるいは読み・書き・計算ができない非識字という問題にとどまらず、「機能的識字」、すなわち社会で人間として生きていくうえで必要不可欠な「基礎的な学習のニーズ」の保障が課題とされた。その内容は「人間が生存し、生活の質を高め、知識に基づいて判断し、学習を続けるために必要不可欠な学習手段 (識字、音声による表現、算数、問題解決能力など) や、基礎的な学習内容 (知識、技能、価値観、態度など)」の双方にわたり、初等教育だけではなく、就学前教育や初等・前期中等教育、成人教育、識字教育などのノンフォーマル教育も広く含まれている[注6]。

　「ノンフォーマル教育」は、1960年代にアメリカのP.H.クームス (Coombs, Philip H.) の提起によって「制度化されたフォーマルなシステムの外で行

われる組織化された教育活動」として注目されるようになり、学校制度を補完し、多様な場・方法による学習機会として国際協力でも活用されている。途上国の援助に携わる国際協力機構（JICA）は、ノンフォーマル教育の意義として以下の4点をあげている。

　①人々が生活の中で直面する課題をテーマに取り上げることができる。②地域の特性に合わせた教育プログラムの実施を可能とする柔軟性や、紛争や災害などの不安定な状態にも対応できる即応性を持つ。③子どもから成人まであらゆる人々に対して必要に応じた学びの場を提供できる。④保健・衛生、環境保全、ジェンダー、人権、平和構築など多様な開発課題に対応する基礎能力の開発に貢献できる[注7]。

　EFA世界宣言は2000年4月にセネガル（ダカール）で開催された世界教育フォーラムの「ダカール行動枠組み」に結実する。ここでは全ての子どもに「無償で質の高い義務教育」の保障と「全ての成人が基礎教育及び継続教育に対する公正なアクセスを達成する」ことが提起され、市民の主体的な参加と男女平等など、民主主義と公正な教育との密接な関係が確認された。

（2）社会的排除から社会的包摂へ

　MDGsでは途上国の飢餓・貧困の解決が主要課題とされたが、1980年代以降グローバル化のもとで、福祉国家といわれる西欧諸国でも社会的格差の拡大が懸念されていた。「社会的排除」（social exclusion）の用語はフランスで用いられ、1989年の欧州社会憲章で「社会的排除と闘う」ことがうたわれた。EU統合の過程で、労働力の移動、言語・文化的水準の違いからキャリア形成が困難な若年労働者や移民労働者とその家族などが社会的に排除されるようになる。単に経済的困窮にとどまらず、社会的関係からの排除（社会的サービスへのアクセスができない、コミュニティからの孤立）、法的保護や表現の自由を保障されず政治的権利（社会に参加する権利）を行使で

きないなどの多元的なレベルでの排除の構造によって、「完全に統合された人びとと脆弱な人びともしくは排除された人びととの連帯のメカニズムは崩壊」していく[注8]。1990年代末から2000年代には教育・訓練、財政政策などの包括的な枠組みによって、労働市場から排除された人々を統合する「社会的包摂」(social inclusion) の政策が各国のアクションプランとして実施されるようになる。

　日本では高度経済成長期以降、進学率の上昇と新規学卒者一括採用によって質の高い労働力養成が進められてきた。「仕事・家族・教育という3つの異なる社会領域」が堅牢に一方向的な矢印で結合され「戦後日本型循環モデル」(本田由紀) が機能してきた。しかし、1990年代以降、いじめ・不登校が急増し、学校、社会から孤立する子ども・若年層の問題が深刻化している。社会のひずみによって若者が社会的弱者化しており、「新しい社会モデル」にむけてNPOや社会的企業による支援や「人々が一度仕事に就いたあとに再び教育に戻ってきて力をつけ直す」リカレント教育の必要性が指摘されている[注9]。

　新自由主義的経済社会政策の一環としての「競争」的教育システムの転換、成人継続教育・生涯にわたる学習の機会の拡充、フォーマルな教育の限界を超えた包括的・連帯的ネットワークの構築などを通じて、社会的包摂をめざす教育システムの創出が課題となっている。

(3)「学習権」思想と「共に生きることを学ぶ」

　1970年代以降、自ら学ぶ権利と社会の担い手としての創造的力量の形成への関心が深まり、ユネスコ第4回国際成人教育会議 (パリ、1985年) で「学習権宣言」が採択された。「学習権」とは、「問い続け、深く考える権利」、「想像し、創造する権利」、「自分自身の世界を読みとり、歴史をつづる権利」、「個人及び集団の力量を発展させる権利」であるとされる。あらゆる年齢層

の人々が個人としてだけではなく「集団の力量」を発展させること、歴史の主体となりうるよう相互に学びあうことが重視されており、「教育への権利」（「世界人権宣言」26条）を現代的な人権として発展的にとらえ直している。「学習権宣言」は、地球規模で「持続可能な開発」の担い手の形成を促す必要性から、社会的・集団的学習の国際的推進を促した宣言といえよう。

　学習権思想の成熟過程でユネスコの新たな教育ビジョンの模索がなされてきた。ユネスコ21世紀教育国際委員会報告書『学習：秘められた宝』（1996年）では、人間が共存するうえで必要な「共に生きることを学ぶ」（leaning to live together）という未来にむけた学習原理が提起されている。この報告書では、①「知ること」を学ぶ、②「為すこと」を学ぶ、③「共に生きること」を学ぶ、④「人間として生きること」を学ぶという学習の4本柱を打ち出し、第1の柱が伝統的教育で重視されるのに対して、第3の柱が今日の教育の最重要課題であるとして次のように述べている。「それは他者とその歴史、伝統、価値観などに対する理解の増進と、それに基づいた相互依存の高まりへの認識と、将来の危機や諸問題に対する共通の分析に支えられて、人々が協力したり、不可避な摩擦を知性と平和的な手段で解決できるような新たな精神を創造する」学びである[注10]。

　この報告書は、①「人間開発」と「持続可能性」という人類的課題に対して「共に生きることを学ぶ」を主軸とする新たな学習原理を示したこと、②その可能性をフォーマルな教育形態にとどまらず、「生涯学習：社会の鼓動」を起点とした「学習社会」の構想から探ろうとしていること、③地球的相互依存と国際理解を深める視野で「社会的結合と民主的参加」を提起したことなど、グローバル化のもとで人間開発に貢献する教育として21世紀教育ビジョンを描き出していることが注目される。

　1997年にドイツ（ハンブルグ）で開催されたユネスコ第5回国際成人教育会議では、「青年・成人教育、成人の識字、生涯を通して教育権と学習権の

承認」が必要であるとして、「21世紀の鍵としての成人教育」という宣言が
採択された。

3. ローカルからグローバルへ 「共生への学び」を拓く

(1)「人間開発」のために教育がなしうる貢献

SDGs（目標4）は「すべての人に包摂的かつ公正な質の高い教育を確保
し、生涯学習の機会を促進する」ことをうたった。ターゲット4.1から4.7で
基礎・初等教育にとどまらず就学前教育へのアクセス、中等教育の修了、男
女の別なく高等教育、技術教育・職業教育にアクセスできるようにすること
など、「包摂的かつ公正で質の高い」教育と「生涯学習」の機会の保障によっ
て「基礎的な学習ニーズ」を満たすとしている。特にターゲット4.5と4.aで
は、ジェンダー格差、障害者、先住民及び脆弱な立場にある子どもなど「脆
弱な人々」の教育・職業訓練へのアクセスと「非暴力的、包摂的、効果的な
学習環境の整備」に留意している。

ターゲット4.7では、「2030年までに、持続可能な開発のために教育及び
持続可能なライフスタイル、人権、男女の平等、平和及び非暴力的文化の推
進、グローバルシティズンシップ、文化多様性と文化の持続可能な開発への
貢献の理解の教育を通して、全ての学習者が、持続可能な開発を促進するた
めに必要な知識及び技能を習得できるようにする」と記されている。教育権
の保障をうたったEFAを前提として、ユネスコが模索してきた「共に生き
ることを学ぶ」学習原理と学習権の思想、21世紀の国際教育ビジョンの総
体が凝集されている。ターゲット4.7は、SDGs全体の目標実現にむけた人
間の主体形成、グローバルな世界にあってそれぞれの地域に生きる人々の教

育・学習の相互循環構造を創り出す総合的な教育目標であるといえよう。

国連のSDGs採択の前に韓国（仁川、インチョン）で「世界教育フォーラム2015」が開催された。宣言では、「我々のビジョンは、教育を通じて生活を変容していくことであり…SDGsで提案されているその他の目標を達成する上で、教育が主要な役割を果たすべきものと認識している」と述べ、ユネスコのビジョンとSDGsの密接な関連性が確認された。

SDGsにむきあう過程で、市民の主体的参加を促すノンフォーマルな学習や社会に開かれた学校、参加型学習が展開されている。ここでは、多様性を資源とする社会的関係性の豊かさを共有し、「共に生きることを学ぶ」という学びの価値の創造が求められている。その実践的展開をローカルな文脈からグローバルな文脈につなげて「共生への学び」の模索の過程として読み解いていくことが課題となる。

(2) グローカルな「共生への学び」への模索―本書のテーマと構成

以上のような課題意識をふまえ、本書では地域に根ざすノンフォーマルな学習過程をSDGsにむきあう主体形成の過程としてとらえ、「共生への学び」を拓く学習原理を探求する。以下の四部構成で、ローカルな実践の展開をふまえた国際比較を試みる。

第Ⅰ部「持続可能な地域づくりとコミュニティ教育」では、環境保護・地域づくりの課題とコミュニティ学習の展開に注目する。

日本では高度経済成長期から公害問題が深刻化し、地域住民の苦悩のなかから公害・環境学習、環境保護と地域づくりが模索されてきた。国際的には1990年代以降ESDが提唱され、2002年の国連総会で「持続可能な開発のための教育の10年」（Decade of ESD　DESD 2005～2014）が採択されている。しかし日本ではユネスコスクールなどを除くとESDの用語はあまり普及しておらず、むしろ市民活動や地域の公民館活動を通じて、地域課題解決

学習、環境学習、防災・地域づくり学習などが多様に展開されている。公民館はコミュニティ学習センター（Community Learning Center=CLC）として国際的に注目されており、2017年に岡山市で開催されたCLC国際会議、「『国連ESDの10年』を超えて―ESDを推進する公民館」で岡山コミットメントが発表された。「持続可能な社会の実現のためには、地球レベルでも地域レベルでも課題解決のために自発的に学び、行動し、他者とともに生きることが出発点」であり、「これからの学びには、フォーマル教育とノンフォーマルな教育を合わせた社会全体での教育の構築・発展が重要」であると提言し、今後の地域と教育の方向性を示している[注11]。以上の経緯をふまえ、第Ⅰ部では、日本の公害・環境学習の展開過程を考察し、コミュニティ教育の国際的動向を検討する。

　第Ⅱ部「生きづらさを抱える子ども・若者の自立支援と社会参加」では、社会包摂的な学習支援システムを模索するNPO等市民活動に注目し、ヨーロッパ、東南アジア地域との国際比較をおこなう。

　子ども・若者の「生きづらさ」の問題は、ヨーロッパでは若者の失業問題が中心課題とされるが、日本ではいじめや不登校、家庭内暴力など、子どもたちの発達環境それ自体に生きづらさの要因が内在している。家庭・学校の問題、青年期の社会的自立をめぐって、NPO・市民団体が居場所づくりや学習支援などの多様な活動を模索してきた。こうした学習支援の広がりを受けて、2016年には「義務教育の段階における普通教育に相当する教育の機会の確保等に関する法律」（「教育機会確保法」）が施行された。このような日本独自の実態をふまえ、第Ⅱ部では1990年代以降広がる子ども・若者支援を通じて、学校外のノンフォーマルな学びの意義を掘り下げる。そのうえで「社会的排除」の問題に先駆的にとりくんだ西欧諸国の動向、EFAの理念にもとづく基礎教育も含めてノンフォーマル教育を必要としている東南アジアの状況に視野を広げて、子ども・若者の生きづらさを支える自立支援につい

て俯瞰的に考察する。

　第Ⅲ部「多文化共生社会への模索と国際交流」では外国人と共に生きるコミュニティの形成をテーマとし、日本と韓国の識字教育、在留外国人の支援の課題を検討する。

　日本は第二次大戦中の植民地支配によるオールドカマーとして中国・朝鮮・韓国人問題を抱えてきた。1980年代までの在留外国人数は約100万人であったが、1990年の出入国管理及び難民認定法改正による在留資格の再編以降ニューカマーとして日本で働く外国人が急増した。入国管理庁統計（2020年）では在留外国人は約290万人に達し、中国、ベトナム、韓国、フィリピンなどアジアからの流入が8割以上を占める。特に在留外国人の多い都市地域で、地域日本語教室や子どもたちの就学における日本語学習支援、さらには医療・福祉サービスを受けるための相談など、外国人と共生するコミュニティ形成と生活支援が課題となっている。

　国際レベルでは、国連「市民的及び政治的権利に関する国際規約」（1966年）による少数民族、先住民族の人権の尊重、人種差別の禁止の条項をふまえ、グローバル化が進む1970年代以降、マイノリティの文化の尊重について議論が深められてきた。ユネスコ「文化多様性に関する世界宣言」（2001年）では、文化多様性は人類共通の遺産であるとして、文化的多元主義が提起されている。日本でも2006年に総務省が「多文化共生推進プラン」を実施し、2019年には「日本語教育の推進に関する法律」が施行された。第Ⅲ部では、急激な展開をとげている在留外国人問題について、共生社会の創造にむけた日本の市民活動の展開、韓国の国家的レベルでの「社会統合」の推進について比較検討をおこなう。

　第Ⅳ部「グローバル時代の平和・人権学習、文化多様性とシティズンシップ教育」では平和構築、多様な文化の尊重、民主的な参加と国際理解にむけたシティズンシップ教育をめぐる公教育及び市民的な学習活動について検討する。

ユネスコは1974年に「国際理解、国際協力、国際平和のための教育ならびに人権及び基本的自由についての教育に関する勧告」を採択した。第二次世界大戦の歴史的反省をふまえて、恒久的な平和・人権・民主主義と多様性を尊重し、国際理解を促すうえでGCEDが提唱されている。日本では、戦後直後に制定された教育基本法前文で「民主的で文化的な国家を建設して、世界の平和と人類の福祉に貢献」するとうたった。しかし平和・人権学習の展開では公教育政策と市民運動の対立の中で「学習の自由・表現の自由」をめぐる緊張をはらみつつ、理念の実現にむけた模索が続けられてきた。

　広島・長崎の被爆体験の継承を通じて国際平和・核兵器廃絶の願いが発信され、2017年に核兵器禁止条約が締結され、2021年に発効した。核兵器の脅威も人類破滅の危機、持続可能性の危機に直結している。第二次大戦後の国際的な平和・人権の希求の過程をふまえ、第Ⅳ部では、平和・人権学習の展開と国際平和への発信、学習の自由と文化多様性を尊重する内外の社会教育施設・博物館の課題、さらに国際理解と市民意識の形成を促すGCEDをめぐる学校や市民団体のとりくみを検討する。

　以上の4部構成によって、本書では学校・青少年教育、社会教育・生涯学習、環境教育、開発教育、多文化教育、平和・国際理解教育など多様な分野との対話を試みている。ノンフォーマルな「共生への学び」の創造を通じて、フォーマルな教育との相互連携的なネットワークの形成も課題となる。SDGsの教育目標の実現にむけて、グローカルな視野で「共生への学び」を拓く道程を探究していきたい。

| 注 | 1 | 『我々の世界を変革する：持続可能な開発のための2030アジェンダ』（2015年9月25日第70回国連総会採択、外務省仮訳）1頁 |

注

1　『我々の世界を変革する：持続可能な開発のための2030アジェンダ』（2015年9月25日第70回国連総会採択、外務省仮訳）1頁

2　国連開発計画（UNDP）『人間開発ってなに?―ほんとうの豊かさをめざして―』（pdf版・2007年改訂版、国連開発計画駐日事務所）5頁

3　前掲『我々の世界を変革する：持続可能な開発のための2030アジェンダ』1-2頁

4　環境と開発に関する世界委員会・大来佐武郎監修『地球の未来を守るために　Our Common Future』（福武書店、1987年）28-29頁

5　南博・稲場雅紀『SDGs―危機の時代の羅針盤』（岩波書店、2020年）50-52頁

6　教育・成人教育関連の条約・宣言等については、社会教育推進全国協議会編『社会教育・生涯学習ハンドブック〈第9版〉』（エイデル研究所、2017年）185-223頁参照。

7　JICA『ノンフォーマル教育の拡充に向けて』（独立行政法人国際協力機構・国際協力総合研究所、2005年）5頁

8　アジット・S・バラ/フレデリック・ラペール著（福原宏幸・中村健吾監訳）『グローバル化と社会的排除』（昭和堂、2005年）21-29頁

9　本田由紀『社会を結びなおす―教育・仕事・家族の連携へ』（岩波書店、2014年）14-15頁、38-42頁、44-46頁、同『もじれる社会：戦後日本型循環モデルを超えて』（筑摩書房、2014年）66-71頁、144-147頁

10　ユネスコ「21世紀教育国際委員会」報告書（天城勲監訳）『学習：秘められた宝』（ぎょうせい、1997年）（原書は1996年）14頁、72頁

11　佐藤一子『「学びの公共空間」としての公民館』（岩波書店、2018年）150-155頁

参考文献

- 阿部彩『子どもの貧困―日本の不公平を考える』（岩波書店、2008年）

- アマルティア・セン、東郷えりか訳『人間の安全保障』（集英社、2006年）

- アラン・ロジャーズ、丸山英樹他訳『ノンフォーマル教育―柔軟な学校教育または参加型教育』（国立教育政策研究所、2009年）

- 北村友人他編『SDGs時代の教育』（学文社、2019年）

- 佐藤一子編『地域学習の創造』（東京大学出版会、2015年）

- NPO法人「人間の安全保障」フォーラム・高須幸雄編『SDGsと日本―誰も取り残されないための人間の安全保障指標』（明石書店、2019年）

- 長岡智寿子・近藤牧子編『生涯学習のグローバルな展開：ユネスコ国際成人教育会議がつなぐSDGs4の達成』（東洋館出版社、2020年）

- Tett, Lyn, Community Education, Learning and Development,Dunedin. 2010, Scotland

- 宮本みち子『すべての若者が生きられる未来を―家族・教育・仕事からの排除に抗して』（岩波書店、2015年）

- ユネスコ報告書（国立教育研究所訳）『国連　持続可能な開発のための教育の10年中間年レビュー』（2010年）（原著は2009年発行）

持続可能な開発目標

目標1. あらゆる場所のあらゆる形態の貧困を終わらせる

目標2. 飢餓を終わらせ、食料安全保障及び栄養改善を実現し、持続可能な農業を促進する

目標3. あらゆる年齢のすべての人々の健康的な生活を確保し、福祉を促進する

目標4. すべての人々への包摂的かつ公正な質の高い教育を提供し、生涯学習の機会を促進する

目標5. ジェンダー平等を達成し、すべての女性及び女児の能力強化を行う

目標6. すべての人々の水と衛生の利用可能性と持続可能な管理を確保する

目標7. すべての人々の、安価かつ信頼できる持続可能な近代的エネルギーへのアクセスを確保する

目標8. 包摂的かつ持続可能な経済成長及びすべての人々の完全かつ生産的な雇用と働きがいのある人間らしい雇用（ディーセント・ワーク）を促進する

目標9. 強靱（レジリエント）なインフラ構築、包摂的かつ持続可能な産業化の促進及びイノベーションの推進を図る

目標10. 各国内及び各国間の不平等を是正する

目標11. 包摂的で安全かつ強靱（レジリエント）で持続可能な都市及び人間居住を実現する

目標12. 持続可能な生産消費形態を確保する

目標13. 気候変動及びその影響を軽減するための緊急対策を講じる

目標14. 持続可能な開発のために海洋・海洋資源を保全し、持続可能な形で利用する

目標15. 陸域生態系の保護、回復、持続可能な利用の推進、持続可能な森林の経営、砂漠化への対処、ならびに土地の劣化の阻止・回復及び生

物多様性の損失を阻止する

目標16. 持続可能な開発のための平和で包摂的な社会を促進し、すべての人々に司法へのアクセスを提供し、あらゆるレベルにおいて効果的で説明責任のある包摂的な制度を構築する

目標17. 持続可能な開発のための実施手段を強化し、グローバル・パートナーシップを活性化する

* 国連気候変動枠組条約（UNFCCC）が、気候変動への世界的対応について交渉を行う基本的な国際的、政府間対話の場であると認識している。

出典：「我々の世界を変革する：持続可能な開発のための2030アジェンダ（仮訳）」、外務省ウェブサイト

ユネスコのSDGsへの取り組み

　21世紀に入って20年以上が経つ。地球温暖化、貧困、紛争など、人類は地球規模での問題解決を今日も求められている。私の勤務する国連教育科学文化機関（ユネスコ）でも、教育の力で、地球規模問題群の解決に積極的に取り組む能力を持った市民を育てるための様々な活動を加盟国と共に展開している。「持続可能な開発のための教育（ESD）」の学びの場は公教育に限られない。家庭や地域社会も重要な役割を担っており、さらにインターネットの発達により学びの場はバーチャルな世界にも広がっている。

　ユネスコは「持続可能な開発のための教育: SDGs実現に向けて (ESD for 2030)」と題したグローバルな枠組みを2019年に採択し、5つの優先行動分野を定めた。加盟国のステークホルダー（教育省、環境省、教育・研究機関、市民社会など）と協力しながら、教育政策やカリキュラムの強化、学びの環境整備、教育者の能力開発支援、若者のより活発な課題解決への参加促進、地域社会での具体的な取り組みの推進などを進めている。具体的には、教育省や環境省のリーダーシップのもと、ESD for 2030カントリーイニシアチブと題して、国ごとに2030年までの活動を各々のリソースや優先分野を基礎としながら計画及び実践してもらい、進捗状況をモニタリングしつつ、事例の共有、相互学習、研究といった活動を実践していく。

　COP26に合わせて行ったユネスコの最新の研究によると、対象となった100か国のうちその半数が、気候変動をカリキュラムに未だ取り入れていない（UNESCO, 2021）。私が参加した関連イベントでは、数年後には明日の世界を担うべき世界中の大学生たちが、それぞれの専門分野でサステイナビリティに特化した教授法に早急に転換して欲しいと声を上げていた。SDGsに求められるスキルと実際に習得できうる知識・スキルとの間にギャップがあり、例えば、環境に配慮した建築技術の習得、カーボンニュートラルなビジネスモデルなど、もっと具体的に学ばせてほしいということである。若者たちの未来を安心安全な世界にするためにはもうほとんど時間が残っていないという危機感を彼らとの対話で改めて感じた。

　日本でも文科省のリーダーシップのもと、様々な取り組みが行われている。中でも、今日で1,100校を超えるユネスコスクールは、ＥＳＤ推進の基盤と位置付けられ、学校と

地域社会との協働モデルがいくつも立ち上がっており、非常に興味深い。例えば、ある事業でご協力を頂いた東京都大田区大森第六中学校では「ESDカレンダー」を設定して、年間を通して各科目にSDGをテーマとして取り入れるのみならず、学校全体として、サステイナビリティに必要なコンピテンシー、例えばクリティカルシンキング、共感力、協力する力などを育てるべく様々な課外活動も行なっている。同時に、保護者や企業など地域社会も積極的に学びの場に参加できるような仕組みも考えられている。

　日本ではこうしたホールスクールアプローチが各地で具体的な成果をあげている。2019年に、インドネシア、バングラデシュ、パキスタンの中学校、及びマドラサ（イスラーム宗教学校）の教員や教育省の代表を日本に招聘して、いくつかの学校や公民館事業などを訪問して頂いた。その折、経済レベルに関係なく、それぞれの国とコミュニティにそれぞれの課題があって、教育関係者がアイディアを出しながらそれぞれのESDの形を作っていることが共有された。こうした人的交流もユネスコのSDGsへの取り組みの中で重要な活動の一つで、共通課題に取り組むことで文化的多様性を尊重しながら地球市民としての意識も高めていくことができる。

　残された時間が少ない中、SDGs達成に向けて課題は山積している。かつて勤務したハイチでESDワークショップを行ったところ、生徒たちは数多くの課題とこうあるべき学校や地域の形についてアイディアを出してくれた。ところが、では自分たちでは何ができるかという問いについては「ユネスコにやってもらう」という答えしか返ってこず、理想論だけではどうにもならない根本的な問題にぶちあたった。そうかと思えば、識字率の低い地区を支援するために、限られた資源の中で、自分たちで太陽光エネルギーを使った視聴覚教材を編み出して活動する若者グループにも出会った。教育の力で、競争ではなく協働の精神を育てながら、できるところから進めていくしかない。若者たちに希望に溢れた未来を残す責任が我々にはある。

諸橋淳（国連教育科学文化機関（ユネスコ）持続可能な開発のための教育専門官）

参考文献

● https://unesdoc.unesco.org/ark:/48223/pf0000374802.locale=en

● https://unesdoc.unesco.org/ark:/48223/pf0000379591?1=null&queryId=44294363-30f6-4174-b63c-08852a916d33

第Ⅰ部
持続可能な地域づくりと コミュニティ教育

持続可能な社会の実現を目指すうえで、その基盤となるのが、自分たちが住み活動する地域コミュニティである。コミュニティにおける学びには、学校だけでなく、行政、民間、地域による学習施設や有志によるサークル活動など、多様な場と形がある。そこでは、知識や技術の習得だけでない、共同の学びと実践、振り返りが繰り返し行われる。

第Ⅰ部は、さまざまな関係者による持続可能な地域づくりにむけた学びを、国内外の取り組みを基に考察する。第1章では、国内で展開された3つの都市環境学習の実践を吟味し、〈都市の世紀〉に向き合う環境学習のあり方を議論する。第2章では、バングラデシュ、タイ、日本におけるコミュニティの学びの事例を取り上げ、それぞれの文脈から得た知見から、国際的な枠組みとしてのSDGsを踏まえた上での、地域課題に根ざした学びの重要性を議論する。

第1章

＜都市の世紀＞の環境学習

安藤聡彦

1. ＜都市の世紀＞がもたらすもの

「SDGsウェディングケーキ・モデル」というものをご存知だろうか。SDGsで言われる「経済・社会・環境の統合」を3層構造のケーキに見立て説明したイメージ図である。「環境」はこのケーキの基底部分にある。なぜ基底なのか。言うまでもなく、環境こそ社会ならびに経済が成り立つ基盤にあるからであり、それなくしては社会も経済も成り立たないからである。

この基底部分にある環境に異変が生じていることに多くの人が気づいたのはそれほど前のことではない。スウェーデンの首都ストックホルムで史上初の国連環境会議である「人間環境会議」が開催されたのは1972年のことである。そこで採択された「人間環境宣言」は、環境問題に対する人間の役割を次のように提起した。

> われわれは歴史の転回点に到達した。いまやわれわれは世界中で、環境への影響に一層の思慮深い注意を払いながら、行動をしなければならない。無知、無関心であるならば、われわれは、われわれの生命と福祉が依存する地球上の環境に対し、重大かつ取り返しのつかない害を与えることになる。逆に十分な知識と賢明な行動をもってするならば、われわれは、われわれ自身と子孫のため、人類の必要と希望にそった環境で、

より良い生活を達成することができる。

　この宣言から半世紀、事態が必ずしも改善されていないことに対する危機感がこのケーキの基底部分に表現されていると見てよいだろう。気候変動、頻発する災害、海洋プラスティックゴミ等、マスコミを通して日々流されてくる情報は、「地球が燃えている」（ナオミ・クライン）状況を伝えている。

　本稿では、環境に生じている様々な異変のうち、「都市化」に焦点をあててみることにしたい。都市のあり方がウェディングケーキの基底部分である環境にとってきわめて大きな意味を有することに、今日多くの人々が注目しているからである。

　世界銀行は、2020年4月に発表した「都市発展」についてのレポートにおいて、今日世界人口の約55％にあたる42億人の人々が都市に住んでいるが、2050年までには世界の10人に7人が都市に居住することになる、としたうえで、「都市化のスピードとスケールとが多大の課題をつきつける」と指摘している。

　　いったん都市が築かれると、その物理的形状と土地利用パターンは数世代に渡って固定されることになり、そこからさらに持続不可能なスプロール化が生じることになる。都市の土地消費の拡大は、人口増加を50％ほど上回っており、今後30年の間にさらに120万㎢の新たな都市エリアが付加されることになることが予想される。（中略）

　　都市は気候変動に対する取り組みについてもますます大きな役割を果たしつつある。というのは、成長するにしたがって都市の気候及び災害リスクは高まることになるからである。およそ5億人の都市居住者が臨海部に住んでおり、嵐による高波や海面上昇に対する脆弱さが増大している。（中略）発展途上国における都市拡大の約90％が災害頻発地域の

近隣で生じており、インフォーマルで無計画な居住地を産み出していくことになる[注1]。

世界的な規模で活動する環境NGOであるネイチャー・コンサーヴァンシーも、「今世紀は都市の世紀として記憶されることになるだろう」としたうえで、「もしも計画が貧困であるならば、予想される急激な都市成長が生きものたちの生息地を破壊し、生物多様性と人類の福祉にインパクトをもたらす」ことになるとし、「我々の都市の世紀に対して積極的な自然の未来像、すなわち持続可能な都市の成長が近隣の自然が保護・修復・拡張されるような適切な場所において生じるような未来の姿、を展望する」必要性を説いている[注2]。

今日、日本においてはとりわけ地方都市における人口減少が加速化し、「コンパクト・シティ」化のような新たな町づくりが進められているが、一方、三大都市圏、とりわけ東京圏への人口集中は——コロナ禍のために若干停滞しているとされるが——持続しており、公害や災害の防止、生物多様性の保全、などが引き続き大きな課題とされている。

本稿では、こうした<都市の世紀>におけるノンフォーマルな環境学習のあり方を考えるために、1960年代から現在までの間に日本で展開された3つの都市環境学習を取りあげ、あらためてそれらの意味を考察してみることにしたい。最初の事例である1960年代の静岡県三島市・沼津市・清水町における石油化学コンビナート反対運動のキーワードは「公害」であり、2番目の1990年代の東京都国立市における市民参加のまちづくり運動のキーワードは「アメニティ」(都市景観などの環境の質)であり、3番目の現在進行形の埼玉県所沢市を拠点とするナショナル・トラスト運動のキーワードは「自然」である。これら3つの環境運動において展開されたノンフォーマルな環境学習に注目することによって、<都市の世紀>の環境学習に必要な要素を

考えてみることにしたい。

2. 調査と対話で公害を防止する

(1)「社会的殺人」としての公害

　日本の多くの都市は、アジア太平洋戦争によって深刻な打撃を受けた。その状況からの復興をはかり成長への道を走り出した諸都市が次に直面したのは、未曾有の公害問題だった。東京オリンピックが開催された1964年、「公害」をタイトルに冠した初めての書籍として庄司光・宮本憲一『恐るべき公害』（岩波書店）が出されている。それは次のような書き出しから始まっている。

> 「山紫水明」の地──まことにこれは、日本の自然を象徴することばであった。
> 　敗戦とともに、戦場や植民地から引き上げてきた人たちは、日本晴れの青空をあおぎ、澄みきった川や海、緑の山々をみた時に、あらためて、祖国の国土の美しさにおどろいたものである。
> 　だが、さいきんの日本のおおくの都市は「山赤水濁」の地とよんだ方がよいほど、汚濁にまみれている。朝鮮戦争以後の日本の経済の復興、とりわけ、昭和30年代以降のいわゆる高度成長が、急速に国土を荒廃させ、「公害」をもたらしたからである。

　イタイイタイ病が新聞報道によって広く知られるようになるのが1955年、水俣病の公式確認はその翌年の1956年、四日市の大気汚染とそれによるぜん息被害も50年代末頃から大きな問題となっていた。こうした状況をふまえ、庄司らは公害を厳しく糾弾する。

公害は社会的殺人であり、社会的傷害である。公害は個人的殺人・傷害のようには、犯人が、あきらかでない場合がおおい。だが、殺害者は見えないにしても、公害は、あきらかに社会の責任でひきおこされた犯罪であって、風水害のように、自然の暴力による不可抗力の災害ではない。

　　したがって、公害は、わたくしたちが、政治経済的手段を有効につかえば、絶滅できる災害である。

　この「社会的殺人」に対して被害者や住民たちがとった行動は、「運動で問題の解決を考える」(宮本、2014)ことであり、実際には反公害住民運動の組織化であった。重要なことは、この「運動」においては住民たちによる学習が重視され、それが積極的に展開されたことである。ここでは、「日本最初の住民運動」とも称される1960年代前半の静岡県三島市周辺での石油化学コンビナート建設反対運動における住民の学習活動を取りあげてみることにする。

　発端は、1963年7月に国の地域開発政策の一環として東駿河湾地区が工業整備特別地域の指定を受けたことだった。同年12月半ば、これをてことして、富士石油、住友化学、東京電力の各社が三島市・沼津市・清水町にまたがる形で石油化学コンビナートを建設する計画であることが発表される。海と山に囲まれた風光明媚なこの地に巨大コンビナートが進出したら大変なことになるのではないかという危機感から、年があけると、二市一町各地で反対運動が自然発生的に広がっていった。おりしも、三重県四日市市の大気汚染や水質汚濁をはじめ、様々な公害被害がマスコミを通して報道され始めたときであった。開発を推進しようとする静岡県は『県民だより』や説明会で「公害は全く考えられない」、「明日をになう石油コンビナート」と明るい未来を描いてみせたが、それがかえって「ほんとうに大丈夫なのか」という問いを住民たちのなかに誘発することになる。そしてその問いに向き合うた

めに住民たちが産み出した独自の運動スタイルが「学習会」と呼ばれる取り組みであった。

(2) 学習会という新たな運動スタイル

　学習会は、コンビナート建設計画について考える誰にでも開かれた学びの場であった。会場は学校や社会教育施設のような公共施設から農協等の会議室、さらには個人の家など、あらゆる場所が利用された。学習内容の柱は、以下の4点である。

　　① コンビナート計画の概要
　　② 四日市公害の実態報告
　　③ 実際にコンビナートが建設された場合の被害のシミュレーション
　　④ 公害や環境にかかわる基礎的概念（「亜硫酸ガス」や「逆転層」など）
　　　 の理解

　このように書くとカッチリとしたカリキュラムを思わせるが、実際にはきわめて動的なものであったようだ。例えば「四日市公害の実態報告」は、住民たちが自ら実際に何度も四日市を訪問し、現地の公害の様子を写真に収め、関係者にヒアリングを行うなど、公害の実態を克明に記録したものの報告である。実態を直接見聞きした人たちが自分自身の言葉で語るために、その報告は広報の美辞麗句を覆す説得力を持つ。また、被害のシミュレーションも、地元高校生の協力によって地域全体の風向調査を積み重ねるなど、手作りで文字通り地域に根ざした調査結果にもとづくものであった。核化学者として日本の反原発運動をリードした高木仁三郎は晩年「市民の視点（あるいは立場）に立った科学」としての「市民の科学」を提唱したが、学習会において共有された知は文字通り「市民の科学」の成果であったといえるだろう。

　このように学習会では経験とそれにもとづく市民科学的な知がその内容を占めていたが、学習の方法についてもユニークな工夫がなされていたことが

注目される。ひとつは図表や写真、スライド、8ミリ映像などによる視角情報の重視であり、もうひとつは参加者間での対話を通しての参加の重視であった。学習会の中心的な組織者のひとりであった西岡昭夫（県立沼津工業高校教諭;当時）は、住民たちによる学びの姿を次のように書き記している。

　　（学習会には）視察によって得られた情報や各地の大学、研究機関等からの論文やリポートそして、住民が協力して得た地元資料を大量に使用した。スライド、ハミリ映写機、掛図、テープレコーダー等、短時間に正確な情報が多量に伝えられる諸機材を駆使して、毎夜の学習会に講師団として参加してきている。…学習会は1回3、4時間である。語り手は医師、教師、ジャーナリスト、市議会議員、公害先進地視察帰りの青年あり主婦達でもあった。公害という言葉の解釈に始まり、石油化学、発電所、亜硫酸ガス、逆転層、地下構造と地下水、四日市喘息、気道抵抗、肺性心、石油資本、財閥、公共投資、社会開発、地方自治、幅広くかつ深くくり返し行われた。人々の多寡にかかわらず対話形式で進められている[注3]。

最後の「対話形式」については、西岡がよく語るエピソードがある[注4]。

　　ある学習会の時、西岡は「海岸に火力発電所ができる場合、夜になると陸風が海の方へ吹く。昼間は海の方から陸の方へ海風が来る。夜には亜硫酸ガスが海の方へ行きますから、少しは安心ですが」と話したが、そのとき聴衆から「公害の先生」と、手をあげた人物がいた。「あんた、夜、海辺へ出たことがあるか」、「ありますよ」と、西岡は答えた。西岡の家は沼津の海水浴場のすぐそばだから、夏の夕方によく海辺を散歩する。「先生、夜海へ出て、海の方に何が見える」。西岡は「はぁー」と思っ

た。漁師の人たちは夜海へ出て仕事をするのだ。「おれらはあの海で船に乗ってんだ。公害の先生って言うけんど、海の方へ風がこられたらおれらは困る。」

　もっぱら陸上生活者として公害を見ていた自分には海で仕事をする漁師たちの視点が欠落していることに、西岡はこの質疑応答を通して気づくのである。

　　自分たちの経験っていうのはやっぱりそんな自分本位になりますから、そういうことを平気で言っちゃうんですよね。そういうことをだんだんだんだん、自分を改良してくっていうか、これが大事だと思いましたね。で、だから "学習会" の第一歩っていうのは、まず自分をそうやって、どういうふうにしてその現地の人に近づけるかっていうね、そのあれでしたね、行為をね、のように思いました。

　対話は関与する双方にとって経験と知識の再構成の機会であり、そうした機会が学習会に埋め込まれていることによって参加者たちは「手をつなぎ始める」、すなわち連帯性にもとづく当事者性を獲得していくことになったのであった。

　コンビナート計画そのものは、こうした学習会を基礎とする地元の広範な反対運動に直面し、しかも政府が送り込んだ調査団報告書も西岡をはじめとする地元有識者たちを中心とする調査団によって徹底的に論駁され、急速に正当性を失っていき、最終的に1964年10月には撤回されるに至った。宮本憲一は、この運動について、「労働組合を軸に社共両党を中心にしていたこれまでの社会運動を変え、自治体を改革することによって、環境政策をすすめる道を開いた」、「新しい住民による内発的な地域開発」であったと今日あらためて評価している（宮本、2014）。

ノンフォーマルな都市環境学習という本稿の関心からこの学習会をみるとき、あらためて注目されるのは以下の3点である。

　第一に、学習会が公害の未然防止を明確な目的として取り組まれた点である。誰もが良い環境のもとで暮らす権利の実現を求めて行われたこの運動は、開発の差止を求める論理として1970年代以降注目を浴びる「環境権」思想を先取りしていたと言うことができる。今日、環境政策の基本理念として「予防原則[注5]」の重要性がしばしば指摘されるが、学習会はその先駆的実践例ということができるだろう。

　第二に、学習会が自前の調査にもとづく「市民の科学」を基礎として組織されたことである。

　第三に、学習会が対話を重視し、多様な参加者たちの経験と知識と意見とが交流される機会となったことである。

　この3つの要素があわさって自前の「公害の科学」（福島、1967）が形づくられ、市民によって共有され、行動の原動力になったのである。こうした要素を備えた三島市・沼津市・清水町での学習会の取り組みは、ノンフォーマルな都市環境学習の原点であるといいうるだろう。

3. ワークショップでアメニティを再創造する

（1）都市計画を市民の手に

　次に取りあげるのは、一気に時代が飛び、1990年代の事例である。

　1980年代後半から1990年代にかけては、「公害」にかわって「環境」という言葉が脚光を浴びた時代である。1987年に中曽根内閣のもとで第四次全国総合開発計画が策定され、都市再開発やリゾート開発等の新たな開発

ブームがひきおこされた。バブル景気のなかで大規模な規制緩和が行われ、都市では古い町並みが破壊され高層建築物が乱立し、地方ではゴルフ場をはじめとする大規模リゾート施設が次々に建設されていった。こうしたなかで、環境の質としてのアメニティをめぐる諸問題への関心が高まっていくことになる。都市計画のあり方はその典型的な問題である。

「都市にはすべてが存在する」とはイギリス都市計画のパイオニアであるパトリック・ゲディスの言葉だが、たしかに都市には人、モノ、金、情報など、あらゆるものが集積する。それゆえ、もしも都市における開発を自由放任にすれば、たちまち無秩序状態になってしまうので、日本では都市計画法や建築基準法等の法律にもとづき、どこの地域はどのような地域にするのかという「用途地域」を定め（例えば、住宅専用地域とか商業地域とか）、それぞれの用途地域にふさわしい形で「容積率」や「建ぺい率」等の建築制限をかけることによって、都市のあり方をコントロールしてきた。それに対してこの時代には徹底的な規制緩和が行われ、全国の都市で無秩序な再開発が一気に推し進められることになった。これに対して生じたのが、「自治体の反乱」であり「都市計画を市民の手に」（五十嵐・小川　1993）にたぐり寄せようとする運動であった。

以下では、そのひとつの事例として東京都国立市における市民参加のまちづくりを求める運動とそれを支えた学習活動について記してみることにする。

国立市は、東京駅からJR中央線快速電車で40分ほど、多摩圏中部にある面積約8平方キロ、人口7.5万人ほど（2021年現在）のこじんまりとした自治体である。もともと甲州街道沿いの谷保天満宮を中心とする集落であったが、関東大震災後に箱根土地株式会社の堤康次郎がドイツのゲッティンゲンをモデルに「理想の学園都市」を建設するとして開発し、都心にあった東京商科大学（現在の一橋大学）が移転、戦後は「文教都市」として独自の発展を遂げてきた。ところが上述の規制緩和路線にもとづく用途地域の大規模な

緩和が1989年になされ、90年代に入るとこの静かな町、とりわけ国立駅及びそこからのびる大学通り周辺において一気に高層マンション問題が噴出することになった。市民は、当初は、反対の声をあげたり行政に相談したりするだけであったが、問題が構造的であることが見えてくると、問題の広がりを調査し、町の景観をめぐるルールづくりをめざして景観形成条例案を作成、直接請求を行い、最終的には市政転換をめざして市長選に取り組み、1999年春には市民派の上原公子の市長当選へと導いたのであった。こうした市民参加のまちづくりをめざす運動のなかで様々な学習活動が展開されたのだが、ここでは「国立駅北口の環境を考える会」(以下、「考える会」と略す)の取り組みを紹介してみよう。

(2) ワークショップで町をデザインする

　考える会発足の契機となったのは、国立駅北口前に駅を挟んで大学通りを見下ろす高層マンション建設計画が明らかとなってから間もない1995年1月であった。会では、建設に待ったをかける様々なアクションを行いつつ、「市民参加とまちづくり」を考える講演会やシンポジウムを重ねていった。とりわけ興味深いのは、96年3月以降数年間にわたって継続された「まちづくりワークショップ」の取り組みである。会は、この取り組みを行うにあたっての問題意識を次のように記している。

　　この試みは、駅前における巨大マンション建設や駐輪場の閉鎖問題など、私たちの知らないところで進められている「都市計画」に対して、住民・市民の立場からまちづくりを問い直していきたい——そのためには自分たちが住んでいるまちをもう一度改めて観察してみよう——という趣旨のもとに行われたものです^{注6}。

このように言うとき、会にはひとつの具体的な目標があった。それは、1992年の都市計画法改正によって導入された「市町村の都市計画に関する基本的な方針」(マスタープラン) について、それを「市民の手で」つくりあげる準備を進める、ということである。

　　当会では、今後も「まちづくり協議会」の設置、「まちづくり条例」の実現などをとおして、真の意味での市民参加によるまちづくりマスタープランの策定を目標にした長期的な活動を展開していきたいと考えております。

　このような見通しのもとに、考える会が構想した活動＝学習計画は次のようなものであった。
　　1) ワークショップ (地区別/テーマ別/プランづくり) の開催
　　2) まちづくりにかかわる月例読書会の開催
　　3) 真鶴町や鎌倉市など、先行する市民 (グループ) との交流
　　4) その他のイベントの企画・運営 (公民館祭りでの展示発表など)
　ワークショップに参加したある学生は、「みなさんと一緒に時間をかけて歩いたことで、自分の中の国立が、より関心のある町へと変化しました」、「もっと多くの国立市民が、土地の魅力を歩いて、再確認、再発見すべきだと思います」と感想を述べている。考える会が、当初から行政との協働をめざし、国立・国分寺両市のまちづくり担当職員を学習会に招いていた[注7]ことも注目されるところである。まちづくり、アメニティ、市民参加、マスタープランをキーワードに、丹念な実地調査、理論の吸収、行政や他団体との対話、発信活動を入れ込んだこの学習プランは、総合的なまちづくり学習、「対話と協働のデザイン」(延藤、2001) の実践と理解することができるだろう。

4. 協働のネットワークづくりで都市の自然を育む

（1）土地を買い取り環境保全をはかる

　最後に取りあげるのは、現在進行形の都市におけるナショナル・トラスト運動である。

　ナショナル・トラスト運動は、今日途上国を含め世界各国に広がっているが、もとは19世紀末にイギリスで始まった、寄付金によって土地やそれに付随する建築物等を買い取り保全する運動である。日本でも、1964年に鎌倉市の鶴岡八幡宮の裏山の買い取りを行った鎌倉風致保存会の運動を嚆矢として、全国各地で様々な取り組みがなされてきた。現在、日本ナショナル・トラスト協会のウェブサイトには北海道から沖縄まで60余りの団体がリストアップされている[注8]。

　都市は周辺の森林や田畑を開発する（＝土地利用のあり方を変更する）ことによって自らを拡大していく。それゆえ開発される前に土地を買い取り、所有権を獲得して保全すれば、その土地は開発されることはない。この意味で、ナショナル・トラスト運動は、自然を開発から守るうえでは圧倒的な効力がある。とはいえ、日本では地価が高いので、一口に「買い取る」と言ってもハードルがきわめて高い。さらに購入後の土地の管理も大きな課題である。ここでは埼玉県所沢市に本部を置く公益財団法人トトロのふるさと基金（以下、トトロ基金と略す）の活動を都市環境学習という視点から捉え直してみたい。

　トトロ基金は、市民団体トトロのふるさと基金委員会（以下、基金委員会と略す）として1990年に発足した。母体である「狭山丘陵を市民の森にする会」は、埼玉県と東京都とにまたがって広がる狭山丘陵（3500ha）の環境を守るべく様々な取り組みを行っていたが、バブル経済のもとでの高い開

発圧力のために、反対運動を主軸とする環境保全運動の限界に直面していた。80年代末になって、丘陵の一角で大規模な墓地開発計画が持ち上がったとき、市民の森にする会の人々は、計画地に面する土地を買い取って反対の意思を表明することを思いつき、ナショナル・トラスト運動を宮崎駿監督から狭山丘陵の森を「トトロの森」と呼ぶことについての了承を得て開始することになる。90年4月に発足した基金委員会は1年あまりの間に約1億円の寄付金を獲得、それをもって予定通り墓地計画地正面に土地を取得し、最終的には埼玉県及び所沢市の協力によって計画地自体も買い上げられ、付近一帯の保全に成功した。以後、基金委員会は98年には財団法人トトロのふるさと財団に移行、2011年に公益財団法人トトロふるさと基金となって現在に至っている。現在に至るまでの30年の間に取得した寄付金は総額約9億6千万円、取得した森は（無償寄附された土地を含め）56カ所、総計10.4haとなっている。トトロ基金は、2011年に取り決めた定款において、組織の設立目的を「狭山丘陵及びその周辺地域（以下「狭山丘陵」と総称する。）の良好な自然環境並びに人と自然との調和のとれた関わり方を示す歴史的景観である里山や文化財を、ナショナル・トラストの手法を用いて恒久的に保存するとともに、狭山丘陵の価値を広く伝え、また地域資源の保全に係る調査及び情報収集を行うことによって、狭山丘陵における自然環境の保護及び整備に寄与すること」と規定している。狭山丘陵という東京圏の「緑の孤島」においてナショナル・トラスト活動を行う団体として自己規定していることになる[注9]。

（2）学習を介して協働のネットワークをつくりあげる

　トトロ基金は、この30年間の間に市民団体から財団法人を経て公益財団法人へと展開してきた。それゆえ学習の組織の仕方もそのときどきに直面している課題に応じて大きく変化してきている。

例えば、1998年に財団法人化した際、トトロ財団は7つの事業のひとつとして「里山の保全に関する環境教育の実施」を位置づけ、副教材『生きた教材;狭山丘陵/学習の手引き』（2001年）を編集・発行したうえで、狭山丘陵周辺の学校における環境教育の支援に踏み出している。それは、開発から自然を保護するために必死で土地買い取り運動を進めてきた市民団体が財団法人となり、いよいよ腰を据えて地域の環境の将来に対する責任を担おうとしたとき、森の保全ばかりでなく、狭山丘陵を愛し深く理解する人間の形成にも取り組みはじめたことを意味している。

　それから20年を経た今日、所有する森の数は10倍以上になり、事務局を構成する職員も若手が多くを占めるようになった。今日、トトロ基金が直面する最大の課題は、狭山丘陵における土地（森）を民間非営利団体（公益財団法人）の立場で恒久的に保存することを通して「社会的に公正で生態学的に持続可能な都市」(Moore, et al. 2019) づくりに貢献するビジョンを形成しつつ、その具体化をすすめていくことである。そこで同基金では、執行役員及び事務局からなる組織の内部での学習を強化し長期構想づくりをすすめるとともに、ビジョンを実現し担う人間（ボランティア、来訪者）の育成のために組織の外部に向けた学習の組織化をすすめている^{注10}。

＊学習の内部的組織化：ナショナル・トラスト団体の事務局には、土地の買い取りから管理、調査や交渉、教育、それに収益事業まで、多岐にわたる事業に取り組んでいくことが求められる。公益財団法人への移行以後、トトロ基金では多様な形での研修に力を入れてきた。2016年からは、職員及び役員が自分たちの組織が抱える課題を整理し、外部専門家の助言も得て向こう10年間に向けての長期構想をまとめあげる作業を継続してきている。言うまでも無く「取得した自然と文化財を恒久的に保存する」ためには組織そのものが持続し続けなければならない。生

態学的・文化的持続性の維持と組織としての持続性の維持との両立のビジョンづくりが課題である**注11**。

* **学習の外部的組織化：** 自ら土地の所有者になるということは、自らその土地の恒常的な管理を行わなければならないことを示している。トトロ基金には、以前から「トトロの森で何かし隊」という管理活動を行うボランティア組織があるが、2011年からはボランティア登録説明会を実施し、新規参加希望者には管理作業を行う意義や作業内容の学習を行うようにしてもらうとともに、里山管理技術講習会や応急手当講習会などを開催し安全で効果的な管理技術の習得をめざしている。また、より広い層に狭山丘陵の魅力を知ってもらうためのガイドツアーの実施にも力を入れている。とりわけ様々な障壁のために丘陵にアクセスすることが困難な障害を有する皆さんのための「バリアフリー・プロジェクト」は、社会的公正を実現するうえできわめて重要である。

　この内部と外部における2つの学習の組織化を一言にして言えば「協働のネットワークづくり」ということになる。自宅の森を拠点にナショナル・トラスト活動を展開する関啓子は、長年にわたる都市計画行政との緊張関係を乗り越え、「関さんの森」の恒久的保全への道を開いた原動力を「市民力」によって産み出された「新しいコミュニティ」に見ている。

　　共通の目的や関心のもとに生まれた集団が、その目的の遂行を阻む問題に対して解決を模索し、活動するときに集団のメンバーで自治が強化され、徐々に社会関係資本が育まれるのです。地縁や血縁に拘束されない開かれた集団は、インターネットなどによってますますオープンに主張を展開し、意見交換をしながら仲間を拡大していきます。こうした集

団こそ、新しいコミュニティなのではないでしょうか。(中略) 現代のコミュニティは、地域に拘束された所与のものではなく、自発的につくられた、自治的かつ問題解決的な「人のつながり」であり、ネットワークで結ばれつつ、信頼と相互扶助を核に成長していくものと言えます。

トトロ基金の2つの学習の組織化を通した「協働のネットワークづくり」もまた、「自治的かつ問題解決的な『人のつながり』」であると言うことができる。

5. 希望を手放さない

　2008年から6年間ほど、筆者は同僚たちとモンゴルの首都ウランバートルに通っていた。この都市の周辺に広がる劣悪居住地域に暮らす住民たちに家庭菜園をつくってもらい、地域の緑化や人々の暮らしの改善につなげようという取り組みだった。

　日本の4倍もある国土に260万人あまり（当時）が暮らすモンゴルで、なんと100万人以上がこの首都に住んでいた。砂漠化のために草原で暮らせなくなった遊牧民たち、子どもの教育のために教師をやめて移住してきた人たち等々、やってきた理由は様々だったが、多くの人たちが上下水道もなく、ひとたび雨が降れば川のようになる場所で生活を営んでいた。1世紀半あまり前にエンゲルスが『イギリスにおける労働者階級の状態』で記録した、イギリス諸都市の風景を思い出した。

　南ゴビから移住してきたという高齢の女性に、子ども時代の思い出話を聴いたことがある。彼女は、初めて列車でウランバートルにやってきたとき、緑と水が豊かなこの町の美しい姿に目を見張ったものだ、オアシスそのものだった、と懐かしそうに語ってくれた。そのときの彼女の夢見るようなまな

ざしがいまでも忘れられない。

　<都市の世紀>は地球上のそれぞれのスポットで多様な形で現れる。共通していることは、都市については豊かさや便利さなどまばゆいものばかりが語られがちで、多くの人々や生きものに何が起こっているのか、何が失われてしまったのか、については沈黙されがちである、ということだ。ここまで見てきた3つの事例から見えてくるように、ノンフォーマルな都市環境学習は、そうした現実を直視し、なぜこのような事態が生じているのか、いったいこれでよいのだろうか、どうすれば状況は改善されるのだろうか、そして私たちはどのような都市をつくりだしていけばよいのか、という問いに人々を誘い、思考を活性化させ、人と人とを結びなおし、地域社会を動かし、諦めを希望へと転換させていく力を秘めている。<都市の世紀>はこれからも私たちに様々な難題を突きつけ続けることであろうが、決して希望を手放さないために、国境を越えて実践を交流しつつ、私たち自身の思想を鍛えていきたいものだと思う。

| **注** | **1** | 'Urban Development; Overview', The World Bank, 2020/4/20, https://www.worldbank. org/en/topic/urbandevelopment/overview（2021/8/15最終閲覧） |

2 *Nature in the Urban Century; a global assessment of where and how to conserve nature for biodiversity and well-being*, The Nature Conservancy, 2018, pp.1-2, https:// www.nature.org/en-us/what-we-do/our-insights/perspectives/nature-in-the-urban-century/（2021/8/15最終閲覧）

3 西岡昭夫「鯉のぼりと住民学習」『後期中等教育をすべての者に』第27号（明治図書、1967年）66頁。曽貧『日本における「公害・環境教育」の成立：教育実践/運動/理論の分析を通して』、一橋大学博士論文、2007年、119-120頁、より重引。

4 曽、同上、120頁。NHK戦争証言アーカイブスに収録されている西岡昭夫の証言でもこのエピソードが語られている。なお、この証言は沼津住民運動での学習会を中心とする西岡の経験を語ったもので、戦後日本における「住民の学習」にかかわる映像資料としてきわめて貴重なものである。西岡「『学習』と『調査』で公害を防いだ」（収録：2015年5月16日）。https://www2.nhk.or.jp/archives/shogenarchives/postwar/shogen/movie.cgi?das_id=D0001810355_00000（2021年8月15日閲覧）

5 様々な定義がなされているが、「環境と開発に関するリオ宣言」（1992年）では、第15原則で「予防的アプローチ」を立て、「重大かつ不可逆的な損傷の脅威がある場合には、完全な科学技術的確かさが欠落していることを理由にして、環境悪化を防止するための費用効果的な方策の採用を先延ばしにすることは許されない」としている。欧州環境庁編『レイト・レッスンズ―14の事例から学ぶ予防原則』（七つ森書館、2005年）23頁。

6 考える会の取り組みについては、『Workshop'96』（国立駅北口の環境を考える会、1996年）、『Workshop'97』（同会、1997年）、を参照した。

7 考える会の中心メンバーであった高田啓子氏（建築家）からの聞き取り（2021/9/21 オンラインにて実施）

8 日本ナショナル・トラスト協会ウェブサイト「全国のトラスト団体」http://www.ntrust.or.jp/about_ntrust/link.html（2021年8月15日閲覧）

9 トトロ基金の歴史と現状については、公益財団法人トトロのふるさと基金『トトロの森をつくる：トトロのふるさと基金のあゆみ30年』（合同出版、2020年）を参照。

10 筆者は、2007年以来、トトロ基金の代表理事としてこの取り組みの一端を担ってきた。以下の記述はそうした立場からの筆者なりの観察に基づく考察である。

11 公益財団法人トトロのふるさと基金長期構想『都市のコモンズを育む；ナショナル・トラスト運動の新しい地平へ――発足当初の想いを受け継ぐ人を育て、受け渡す――』、2021年11月23日、http://www.totoro.or.jp/

参考文献
- 五十嵐敬喜・小川明雄『都市計画―利権の構図を超えて』（岩波書店、1993年）
- 延藤安弘『「まち育て」を育む―対話と協働のデザイン』（東京大学出版会、2001年）
- 環境庁長官官房国際課編『国連人間環境会議の記録』（三省堂、1972年）

- 庄司光・宮本憲一『恐るべき公害』（岩波書店、1964年）

- 関啓子『「関さんの森」の奇跡：市民が育む里山が地球を救う』（新評論、2020年）

- 高木仁三郎『市民の科学をめざして』（朝日新聞社、1999年）

- 福島達夫『地域開発闘争と教師』（明治図書、1968年）

- マーフィ『ナショナル・トラストの誕生』（緑風出版、1992年）

- 宮本憲一『戦後日本公害史論』（岩波書店、2014年）

- Moore, J. et al. eds., *Ecocities Now; Building the Bridge to Socially Just and Ecologically Sustainable Cities*. Springer, 2020

第2章

ESDとCLC ―日本とアジア

大安喜一

1. 持続可能な社会に向けた学び

　国内外でSDGsへの認知度が高まる中、第2章では、持続可能な開発のための教育（Education for Sustainable Development、以下ESD）をコミュニティからのつながりと連続性を軸に考える。ESDは社会、経済、環境を包括的に自らの問題として捉え、個人と社会の変容を促すことを目指して学び実践する教育とされる。日本は「国連ESDの10年（United Nations Decade of ESD、以下UNDESD、2005-2014)」を提唱し、文科省はユネスコスクールをESD推進拠点と位置付けている。UNDESDのフォローアップである「グローバル・アクション・プログラム（GAP、2015-2019)」では、具体的な優先行動分野として、政策的支援、機関包括型アプローチ、教育者、ユース、ローカルコミュニティの5つの分野が示された。さらにGAPの後継として2020年から2030年までの国際的な枠組みとして採択された「ESD for 2030」では、これらの優先行動分野の連携の必要性が強調されている[注1]。

　上記の優先行動分野の中から本章では、地元の人々が集い、つながる公共の場であり、学びを共有する場として、コミュニティを、持続可能な社会への基盤として着目した。ここでは、日本を含めたアジアの異なった文脈における経験を踏まえながら、予測が難しい、これからの時代に対応する力を養う学びを支援し行動につなげるESDの可能性について検討する。序章と第1章で議

論されたように、教育を学校だけでなく、学校外において組織化されたノンフォーマル教育（Non-formal Education、以下NFE）にも広げるべきであるとの観点と、地域に根ざした学びにおける個々の取り組みから、他の文脈にも通ずるESDの課題や可能性を議論していきたい。コミュニティには地域性や興味・関心を共にする集まりなど多様な意味があるが、本章では生活圏を共有する地理的な共同体や集合体とし、地域や地元地域といった用語も併用する。また、コミュニティを一括りにしているが、その中には多様な構成員がいることも留意しておきたい。

　「地域に根ざした学び」が、コミュニティにおいてどのように展開されてきたか、まず、ヨーロッパとアジアの流れを概観する。ヨーロッパでは、イギリスの「成人のための学習革命」（Learning Revolution）による職業面だけでない社会文化的側面に重点を置いた学習支援、スカンジナビア諸国のホイスコーレ（Folk High School）やスタディ・サークルにおける対話を中心として学びに意味を見出すもの、ドイツのコミュニティカレッジ（民衆大学）では職業訓練や外国語としてのドイツ語など資格取得と共に趣味・教養といった個人の生きがいや自己実現のための学習・教育活動が行われている。移民も含め域内における人の移動が活発なEUにおいては、職業に関する共通の資格を得ることと、移動したコミュニティでの共通する資質を各個人が身につけることにより、コミュニティへの参画と受入をスムーズに行えることを主眼としている。例えば、EUによる生涯学習における資質能力（コンピテンシー）として、母語や外国語によるコミュニケーション、数学・科学、デジタル、学び方の学び、起業精神、文化といった、個人が異なった地域で生活していくために必要とされる汎用性の高い内容が挙げられている[注2]。欧州を共同体として、その中での各個人の学びを通して地域に関わっていくという特徴があると考える。

　日本を含め、アジアの多くの国においては、農耕社会から工業化社会、知識・情報化社会への移行にともない、都市への人口移動、農村においても生

活様式の都市化が進んでいるものの、地元地域を中心に、ある程度結束した
コミュニティでの学びや協働のしくみと組織論が学習センターを中心に展開
されてきた。アジアの多くの国では、1990年から基礎教育分野の国際目標と
して取り組まれてきた「万人のための教育（Education for All、以下EFA）」
達成に向けて、学校以外での学びを通して学校教育と同等の資格を得られる
イクイバレンシー教育[注3]が実践、政策化されてきた。従来、期間と予算限定
で実施されていた識字や生活技術のクラスやコースから、学校外における恒
常的な学びの場を確保するために概念化されたのが、コミュニティ学習セン
ター（Community Learning Centres、以下CLC）である。これに対し日
本の社会教育は、戦前の国民教化という役割から大きく転換し、特に公民館
は、戦後の民主主義推進と地域振興機関として主に農村を対象に構想された。
1949年に社会教育法により法制化され、公民館、図書館、博物館を学校外の
主な教育施設とした。

　「公民館はCLCのモデル」との捉え方もできるが、東南アジアや南アジア
地域においてはCLCが基礎教育を保障しEFA達成を主目的としてきた機能に
対して、日本の公民館は個人の自主的な、地域の共同学習を中心に展開して
きた背景の違いを指摘しておきたい。次節からは、持続可能な地域づくりの
視点から、バングラデシュ、タイと日本の事例を取り上げ、コミュニティに
おける教育の役割と学びについて考えていく[注4]。

2. 政府・NGOとコミュニティの協働
—バングラデシュの事例から

（1）初等教育の拡充とノンフォーマル教育法

　バングラデシュでは、日本の国際協力機構（JICA）やユニセフをはじめと

したドナーを中心に援助協調による初等教育開発プログラムが1998年より4期にわたって実施されており、就学率向上とカリキュラム、教員や教材の質向上とが相乗的に取り組まれている。成人識字率は、近年若者層を中心に上昇しているが、2019年現在、成人の約4分の1が読み書きできない。

2014年に施行されたNFE法は、生涯学習の推進を理念として、学校教育を受けられない学齢期の子どもと教育機会がなかった成人を対象としている。NFE法では、学校教育に準じた内容と職業訓練を中心としたカリキュラムにより同等の資格取得を得るためのイクイバレンシー教育が中心である。当初、法案にはCLCも含まれていたが、最終的には定義にとどまり、設置基準や活動の仕組みは政策で対応していくことになった。

(2) NGOを中心としたCLCの展開

バングラデシュでは、行政の手の届かない地域や分野において、NGOが教育を含めた社会サービス提供を担っている。教育分野では、世界最大のNGOとされるBRAC**注5**をはじめ多数の組織が活動しており、CAMPE（Campaign for Popular Education）という調整団体のもと、情報交換、研修、政府との対話を行っている。政府はNGOを監督する立場だが、NGOが専門性を持ち、コミュニティの実情を良く把握していることから、教育関係の政策、活動計画、実施にはうまく協力関係を保っている。ただ、バングラデシュに限らず、中央行政の縦割りと人事異動による政策の変更など、コミュニティのニーズとのギャップは往々にしてある。

ここでは、ユネスコがEFAの課題が顕著な国々を対象とした能力向上プログラム（Capacity Building for EFA）**注6**の中で、NGOが調整役となり、政府とコミュニティの協働により行われたCLC事業を取り上げる。この事業は、北部ロングプール県において、同国北部を中心に活動するNGOのロングプール・ディナジプール農村サービス（Rangpur Dinajpur Rural Service、以

下RDRS）との協力で2013年から2016年にかけてパイロット事業として行われた。ユニオン（行政の最小単位、日本の小学校区の規模）4地域において、RDRSの支援により、住民代表、教育だけでなく保健、衛生、農業、情報など、様々な分野の関係者が、コミュニティの学びの拠点づくりに、ニーズ調査を含めた計画づくりから参加した。各ユニオン事務所の一角に拠点を設置し、全部で24のCLCを設置した。これは対象地域の約半数のコミュニティにあたり、主に識字、保健衛生、職業訓練を中心に活動を始めた。地元による土地及び建設労力の提供、運営への参加、地元大学との連携による学生ボランティア活動、医師による巡回健康相談など、ネットワークを通じて活動を拡大した。

　縦割りは地方行政でも見られ、CLCが教育機関として位置づけられると、他分野との連携が必ずしも進まない現実にも直面する。こうした状況の中で物事を進めるには、行政のトップから合意を得ることが大切である。バングラデシュでは、ユニオンの長は選挙で地元から選ばれるが、それより上のウポジラ（副県）と県の地方行政は、中央からの人事で赴任、数年で異動する。これらの行政官は、中央の政策を基に担当地域の優先順位を決めて実施する裁量がある。

　事業の継続や拡大のためには、コミュニティでの参加型によるボトムアップの活動と並行して、行政責任者との対話と支援の約束を取り付けることが大切である。いくら現場で良い取り組みをしても、政策化されなければ、事業の経験や有形・無形の資産は残っても、行政の肩代わりで終わってしまうことが多い。

（3）持続可能性（サステイナビリティ）とは

　多くの国で、外部機関の予算による開発事業は、事業期間と予算が終了すると活動も終了してしまうことが多い。バングラデシュでも、ICT導入といった学校教育制度の充実は政策化されやすいが、地域づくりや生活技術向上と

いった分野は、事業終了とともに活動が停止し、資金のめどが立つと事業の再開または新しく立ち上がることが多い。SDGsが国連全体で導入される以前は、バングラデシュに限らず、コミュニティ開発事業において持続可能性（サステイナビリティ）と言えば、主に期間と予算が限定された事業終了後に活動をいかに持続するか、という意味で使われることが多かった。

ロングプール県で始まったCLCは、ユネスコ事業終了後も住民が主体となって活動を継続している。その要因は、大きく分けて3つある。まず、事業計画から土地提供や建物建設の労役提供など、一部のリーダーだけでなく多くの住民の主体的な参加があったこと。次に、行政組織であるユニオン事務所が場所の提供や住民への周知など積極的にかかわったこと。最後に、行政とコミュニティおよびユネスコを含む外部専門家との調整を行う、コーディネーターの存在があったことである。これらは、教育開発において重要とされる要因であるが、実際の事業運営では、すべてを満たすことは難しい。

地元での活動は続いた一方で、この事業が行政政策として、県全体で展開する広がりはなかった。途中NFE法制定の追い風はあったが、中央政府の政策策定には時間がかかり、また、法律の優先事項はイクイバレンシー教育、成人識字や職業訓練であり、CLCや地域課題に取り組む学習は後回しであった。さらに、中央省庁だけでなく、県や副県レベルでも、行政官の異動により、以前は支持された政策が変更されることが多々あった。

(4) コーディネーターの役割

バングラデシュのCLC事業で、コミュニティ、行政、NGOやユネスコとのつながりを作り維持するコーディネーターの役割を果たしたのが、ラーマット・ウラ（Rahamat Ullah）である。2021年現在、彼はダッカ在住であるが、ロングプール県のCLCへの支援を続けている。2020年と2021年にコロナ禍での状況を含め、彼のCLCに関する活動を振りかえってもらった[注7]。

私はRDRSのCLC事業担当になって初めて教育事業に携わり、コミュニティが主体となって学び行動するという考え方は新鮮だった。貧しい人たちには、こちらがお膳立てしないと活動が進まないと思っていたからだ。ただ住民が主体的に考えて自分たちの行動に移すには時間がかかった。コミュニティには色々な立場や考え方の人がいるため、簡単にはまとまらない。幸い地元ユニオンの長が積極的に、生活課題を住民と行政で取り組むよう皆が納得いくまで話し合ってくれた。

　具体的には、人々が漠然と感じていた安全な水、衛生的なトイレ、道路の改修などの問題を、チャートや地図を使って見える化した。話し合いの内容を記録し、自分たちや外部の人たちが理解できるよう、意見を聞いてまとめる人、表や地図にする人など、役割分担して進めることが大切な学びだった。また、みんなが集まって地元の歌や踊る楽しみの中で、教育・保健・栄養の大切さ、早婚・多額の結納金の弊害、家庭内暴力の問題などを話し合うのは効果的だった。

　ユネスコの事業が終わった後も、24のCLCはユニオン事務所からの支援を受けて活動を継続している。活発に活動しているのは半分くらいだが、地元行政、大学、商工会議所とのつながりが確立して、有形無形の支援の仕組みが出来ており、地元の人たちの気持ちが続けばCLCは継続する。

　コロナ禍で、2020年には3か月間ロックダウンがあった。学校へ行けない高校生や大学生がボランティアでCLCの活動に参加し、食料やマスク・薬品の配布、行政から受けられる生活支援の情報提供、教育省が行うラジオでの遠隔教育の手伝いをしてくれた。緊急時に必要な情報を得ることが難しい人々にとって、家から歩いて行ける場所にあるCLCが、地域の拠点として機能して良かった。しかし行政の農業、青年、女性支援の事業は個別に行われており、コミュニティで包括的な取り組みが出

来るようにCLCが調整できるか、今後の課題と考える。

　この事業では、外部専門家や事業担当者の役割として、学ぶ権利や持続可能な社会といった理念を語るだけでなく、地元の地域性や多様性を前提に一緒に考える、地元学[注8]でいう「風の人」として外部からの視点を提供すること、そしてコミュニティでの実践を政策レベルの対話につなげていく役割が大切であった。ここでは、一方的に「教える」のではなく、行政官や外部専門家も地元の知恵を学び、人々の主体的な行動を支援する姿勢が大切である。

　これらのCLCにおいて、SDGsの理念や目標達成は掲げなかったが、地元地域の課題に取り組む過程を通して将来の地域を視野に考えて活動すること、また仕組みを動かす人的要因の大切さは、ESDが強調する変容、そしてSDGsを推進する上でも示唆があった。

3. 行政が主導する基礎教育保障とコミュニティ教育
―タイの事例から

（1）ノンフォーマル教育先進国

　タイはアジアにおけるノンフォーマル教育の政策、組織体制、実践において先進国である。タイには国際機関や国際NGOの拠点がたくさんあり、また、都市から農山漁村の多様性、基礎教育から高等教育まで生涯学習の包括的な実践があるため、その経験を共有しながら多くの国際会合や研修が行われてきた。

　タイのNFEは、1940年代に識字教育を中心とした成人教育から始まる歴史があり、教育省内での何度かの組織改革を経て、2021年現在、ノンフォーマル教育・インフォーマル教育局（Office of Non-formal and Informal

Education、以下ONIE）が中央から全国の県および郡レベルに事務所を設置している。

　法制面では、2008年にノンフォーマル・インフォーマル教育法が制定され、学校外の標準的手順に基づくNFEと日々の生活の中での教育活動であるインフォーマル教育の権利を保障している。中央から地方行政、民間団体や宗教組織を含めたネットワーク・パートナーとの協力を強調し、コミュニティの学習組織としてCLCを位置づけている。ノンフォーマル初等、中等教育における学習成果を学校教育と同等に認定するイクイバレンシー教育制度も明記され、CLCと学校で互換性のある学びの仕組みになっている。

（2）足るを知る経済と学び

　タイにおけるコミュニティ教育を推進するバックボーンが、キッペン（考える力）と「足るを知る経済（Sufficient Economy）」である。前者は、生活や地域の課題に対して、与えられた情報を鵜呑みにせず、多面的な視点から理解し咀嚼して行動に移すという哲学である。後者は、市場経済とは一線を画し、地元の地理的・社会的条件に合わせた持続可能性のある身の丈に合った開発の考え方で、王室主導の有機農業プロジェクトが各地で展開されている。

　コミュニティで学び、実践する活動は、SDGsやESDの概念が提唱される前から、タイの地域づくりに取り入れられていた。特に、1997年のアジア経済危機に直面して、経済最優先の開発を、環境や社会に配慮した形で考えることの重要性が認識された。当時、筆者が住むバンコク市内でも、多くの工事が中止となり、車から公共交通機関へ、都会での出稼ぎから地方に戻る人が増えるなどの変化があった。地方のCLCでも、有機農業や地元の素材を使った工芸品づくりが盛んになった。ただ、収入向上事業での課題が、生産物の販路と偏りである。養鶏やキノコ栽培など、小規模で比較的簡単に始められる事業は、近隣で同じものが作られ、生産過剰で共倒れになってしまう。

この時期にタイ全国で導入された政策が、日本の大分県で行われていた一村一品運動にヒントを得たOTOP（One Tambon One Product、Tambonは行政の最小単位）である。当時の首相タクシンが「良い品物を作れば、自分がセールスマンとして国内外に売る」とし、各コミュニティの特性を生かして質の高い品物を作ることで、収入を得ると共に人々の能力向上を目指した。日本の一村一品運動と同じ理念である。タクシンはクーデターで国を追われるなど、実業家・政治家として毀誉褒貶はあったが、OTOPは現在も続いており、バンコク市内や空港に販売店がある。OTOPは内務省管轄のもと、住民が集まる会合や研修にCLCを活用している。地域が主体的に環境に配慮した経済活動を行い、従来とは異なった視点と行動で収入向上につなげる点は、SDGsを先取りする形であったと言える。

(3) ノンフォーマルかフォーマルか

　タイでは、NFEが法制化されたことにより、CLCにおける活動のフォーマル化が進んだと言える。もともとCLCは、生活課題や地域課題に関して「身の丈にあった」形で環境と経済を両立し、学びをとおして解決する地域の拠点として機能してきた。住民が主体となって運営し、地方自治体と地方教育行政からの支援を得て、地域づくりと共に識字教育や学校教育と同等の資格を得るイクイバレンシー教育提供の場でもあった。ただ、コミュニティの人材やリソース、自治体の財政や方針により、地域差が大きいという課題があった。2008年の法制化により、CLCには、イクイバレンシー教育の学習者30名につき一人の教員免許を持つ人員の配置、専門性の高い数学や英語には専門教員の支援、学習を始める際のクラス分けテスト、転居した際にCLC間の単位移行制度の導入、さらに修了認定の仕組みが全国統一された。

　NFE法制化後のCLCの変化として、さまざまな名称があったコミュニティの学習施設が、Tambon ONIEと称され、地域の住民運営の組織から、行政

の最末端組織となった。生涯学習の推進という大きな枠組みの下、NFEはイクイバレンシー教育を中心に、図書館の充実を含めて法律により制度化された。従来、住民が時には手弁当でCLCの運営に関わり、活動資金を確保する必要があったのに対し、行政組織となったことで、財源や運営が安定し、地域間の格差は少なくなった。

(4) 基礎教育保障と地域づくりのバランス

　NFE制度が充実してきたタイの状況について、東北部ウボンラチャタニ県のONIE研究所研究員のロミット・クンパ（Ruamitr Kumpha）から、2020年と2021年に、コロナ禍の状況を含めて語ってもらった[注9]。彼は、タイのNFE法制化に携わり、ラオスやバングラデシュのNFE制度整備への支援を行うとともに、東北部の研修やフィールド調査など、NFEを多面的に捉えることのできる専門家である。

　　タイのNFEは、法制度が出来て、仕組みとしては良くなったが、住民が主体的に企画や運営に参加することが少なくなった。コミュニティの会合でも、以前は自分たちでの実施に向けた話し合いが多かったが、徐々に行政への希望をまとめる話し合いへと変化していった。基礎教育の保障という意味では大きな進歩だが、CLCの良さである住民主体で地域課題に取り組む主体性が弱まった。

　　グローバル化や情報化が進む社会で、NFEにも変化が出ている。以前は、キッペンや「足るを知る経済」の理念により地域のあり方を長期的に考えていたが、今は、短期的な目標の達成、とくにイクイバレンシーの講座を確保し、学習者が修了することが優先され画一化している。NFEでは、生涯学習の推進を大きなテーマとして、人々の参加、学習内容とその過程が大切とされているが、定められたカリキュラムや防災・

救急など公共性の高い活動以外、例えば収入向上や環境問題の取り扱いは、コミュニティにより濃淡がある。

　地域全体の持続的発展には、セクターを越えた包括的な取り組みが必要だが、地方行政事務所の縦割りと地方自治体との調整は難しく、人間関係に左右されるので、円滑に進められる人材の育成が、一般行政、教育、コミュニティの全てで必要だ。

　コロナ禍では当初、学校やCLCは閉鎖の措置が取られたが、現在は開校し、活動は対面で行っている。感染症との付き合いは長期戦になるので、この機会に、ICTの活用やフォーマルとノンフォーマル教育の相乗効果に向けて、社会の中でいかに行動するか、地域全体で教育の仕組みを見直す良い機会だと思っている。

　タイのCLCでは、非識字者や不就学児童生徒に対する学習の権利が保障された一方で、行政、特にONIEの政策を基に事業計画と運営がされるため、イクイバレンシー教育を中心とした学校教育を補完する役割が中心となった。Tambon ONIEは法律や政策文書の英訳ではCLCだが、生活や地域課題について、住民が個々の問題意識をもとに主体的に考え行動する場の機能は弱まった。

　CLCによる地域づくりの機能において、ネットワーク・パートナーとの協働の必要性が法律に明記されており、ONIEの重点政策としての位置づけもある。「足るを知る経済」やOTOPなど、コミュニティにおける持続可能な開発と親和性のある活動や組織とCLCが連携し、人々が主体的に「考える力」を育む学びと結びつけることが出来るか、タイだけでなく他の文脈にも通じる課題と考える。

4. ESD提唱国としての学校・社会教育
―日本の事例から

（1）地域創生と教育

　日本では、少子高齢化、人口減少、気候変動、防災など社会・経済・環境の複合的な課題に対応した地域創生に向けて、省庁ごとに地域コミュニティ政策が挙げられている。厚生労働省では地域包括センターによる地域共生社会の実現、総務省ではコミュニティ・センターによる地域の持続的運営のほか、経済産業省では企業やNPO、内閣府ではエリアマネジメントといった政策がある。SDGsに対する関心が高まる中、企業によるCSRやESG（環境・社会・ガバナンス）での取り組みにおいて、地球規模での持続可能性の重要性が、地域からグローバルに、現在から未来への視点が入るようになった。

　教育分野では、文科省がユネスコスクール加盟校をESD推進拠点として、探究学習を中心に持続可能な社会に向けた地域と連携した学びを推進してきた[注10]。2021年現在、日本のユネスコスクール加盟校は1,120校あり、世界の加盟校数の1割を占め、世界一となっている。2020年施行の新学習指導要領には「持続可能な社会の創り手」づくりが明記され、ESDに取り組む学校が増えている。一方、ESDを直接のテーマとして取り組んできた公民館は少ない。もともと公民館は地域振興機関とされてきたが、都市化による学習の個人化と多様化、生涯学習政策導入、様々なセクターによる地域創生政策の中で、公民館の数は年々減少している。社会教育では学校教育における学習指導要領のように全国的な方向性が示される仕組みはなく、行政はあくまで助言する立ち位置から、地方自治体によりESDにおける取組は異なっている。

（2）岡山市のESD

　公民館を含めた地域連携によりESDを進めてきた先進事例として岡山市

が挙げられる。国連大学が主導するESDの地域拠点（Regional Centres of Expertise、以下RCE）という世界ネットワークの国内7拠点の一つであり、市役所の市民協働局が岡山RCE事務局として、300を超える多様な地元組織と共に行動計画づくり、研修や評価を行っている注11。岡山市は2014年に「ESD推進のための公民館—CLC国際会議」を主催し、29か国から約700人が参加した。さらに岡山市は内外のESD実践者を顕彰する岡山ESDアワードを2015年に創設しフォーラムを毎年開催、2016年にはユネスコのESD賞を受賞するなど、地域からグローバルなつながりを展開している。

　市内中学校区毎に設置されている地区公民館には、社会教育主事の資格を持つ専任職員が配置されており、地域課題と自主的な学びを支援する体制が整っている。市内中心部の住宅街にある岡西公民館では、定年退職前後の世代が、その上の世代の日常生活を支援する「つながり隊」として、買い物支援や窓ふきなどの活動が行われている。公民館が地域の人々と対話を通して課題を見つけ、解決への方策を考え、地域の学校や商店街とのつながりを作っていく役目を果たしている。高齢化は日本だけでなくアジアの国々の課題でもあり、住みやすい街や防災といったSDGsにつながっている。さらに天然記念物「アユもどき」の保存から環境への取り組み、歴史や文化のまち歩きなど、持続可能な地域づくりの様々な取り組みが岡山市中央公民館（現在は公民館振興室）の冊子「れんめんめん」で紹介されている。

　岡山市の公民館では、単に活動がESDのどの領域やSDGsのどの目標に関連するかだけでなく、持続可能な社会に向けて、個人と社会がどのように変容していくべきか、ESDの7つの視点（自分事、学び合い、展望、参加、育て合い、行動、一緒に）を持ち活動しているのが特徴である。

（3）公民館の活動はすでにESD

　岡山市のように、ESDを市の政策として公民館で実践している自治体は少

数である。ここでは、ESDを初めて実践に取り入れた神奈川県平塚市の事例からESDと公民館の関係について考える。同市には、小学校区ごとに25の地区公民館が設置され、都市・海岸・山間の地域性を考慮し4公民館がESD事業に参加した。ユネスコ・バンコク事務所が主導し、ユネスコ・アジア文化センター（Asia-Pacific Cultural Centre for UNESCO、以下ACCU）が日本での調整を行ったこの事業では、「ESD概念の理解→各公民館での活動計画作成→実践と記録→経験の共有と今後の計画づくり」という当初の計画であったが、平塚市ではその通りには進まなかった[注12]。

平塚市の公民館活動では、海岸と山間部の公民館が合同で体験活動をしたり、ホタルの生態から環境について考える取り組みをしたりなど、主に自然環境に関する活動がすでに行われていた。地区公民館の担当者からは、「何をすればESDになるのですか?」「岡山市の冊子を見たけれど、ESDと我々の活動と何が違うのでしょう?」という質問が相次いだ。このため新しい事業を立ち上げるよりも既存の活動にESDの視点を取り入れることで、過去・現在・未来という時間と社会・経済・環境・文化という領域の関係性から、個々と社会の変容を意識した持続可能な社会に向けた学びが職員や参加者に意識される振り返りを事業の中心とした。平塚市では、各公民館での活動の企画から評価まで、岡山市の公民館が活用しているESDの7つの視点を取り入れて、活動と評価を行うよう2020年度の政策に含められた。2021年8月には、ACCUと平塚市がアジア6か国との交流会合をオンラインで行い、ESDの視点からコロナ禍でも学びを続ける重要性を議論し、地域からグローバルのつながりを再確認した[注13]。

公民館の活動自体が持続可能な社会に向けた学びであるとの見方は、松本市の公民館関係者からも聞かれた[注14]。松本市は自治公民館である町内公民館が地域のネットワークを形成し、行政により小学校区毎に設置されている地区公民館では、行政職員が町内公民館を通して対話を積み重ねて、地域の課

題に取り組む形となっている。あえてSDGsやESDといった用語を使わなくて
も、情報や知識を得るとともに、議論や行動の変化へつなげることで、持続
可能な社会への学びを体現している。日本では、公民館や社会教育のSDGsと
の親和性を、豊富な実践経験に基づいて、政策に位置づける議論を進めてい
くプロセスが有効であると考える。ESDでは、社会のあり方や関係性におい
て、価値観や行動の変容を促すことが重要性とされるが、実践者は、何をど
うすれば結果が出るか、という視点が多いのではないだろうか。理念と実践の
橋渡しにおいて、研究者には重要な役割があるだろう。

(4) 学校でのESD推進と地域連携

　先に触れたように、文科省はユネスコスクールをとおして、また学習指導
要領にも「持続可能な社会の創り手」づくりに向けて学校を中心にESDを
推進している。学校全体でESDに取り組むホールスクール・アプローチの
導入や教科間、教員間のカリキュラム連携を可視化するESDカレンダーな
どの取組により、持続可能性についての問題意識や行動の変化は着実に浸
透している。学校内だけでなく、行政、NPOや企業との連携により、社会
の中で持続可能性を考え、地域からグローバルへの視点により、地域連携と
国際交流の必要性も認識されている。東京都大田区立大森第六中学校では、
SDGsカレンダーを通して理科、社会、技術、外国語の科目の連動により環
境問題に取り組むほか、学校改修の際に見つかった防空壕跡から、第二次世
界大戦を通した歴史・平和学習が行われている。宮城県気仙沼市の階上中学
校では、東日本大震災の経験から、防災を入り口として、自分たちで持続可
能な社会について探究し、いかに行動につなげるかを地域の人々と話し合う
学習をおこなっている。

　近年、教員の過重労働問題や、ユネスコスクールでも公立校での人事異
動によりESDの活動継続が難しいとの課題があり、ESDがカレンダーなど

手法の活用にとどまっているとの懸念もある。また、探究学習の取り組みに教員間や学校間で差が大きいのも実情である。日本には教員養成大学を中心に23校が加盟しているユネスコスクールを支援する大学間ネットワーク（ASPUnivNet）がある。教員個人の負担を軽減し組織として持続可能な形にするためにも、SDGsに取り組む大学、企業、地域のネットワークやリソースを活用し、持続可能な社会に向けて、個人、組織、コミュニティがどのように連携して行動するか求められている。

5. 学びを通した持続可能な社会づくり

　持続可能な社会に向けたSDGsにおける教育目標は、これまでのEFAとESDの知見や経験に基づいて設定された。ただ、EFAやESDの認知度や受け止め方、政策や実践への反映は、国の事情により大きく異なる。本章で取り上げたバングラデシュでは、EFAは基礎教育を全国民に普及する政策として優先順位が高いが、ESDは経済成長と環境への配慮といった理念として捉えられてきた。タイは、基礎教育の普及と共に既存のネットワークを活用して、すでにNFEで実践されてきたESDと親和性の高い活動をコミュニティで展開していけるかが課題である。日本では、EFAはすでに達成されたとして途上国支援の文脈で議論されてきた。ESDはユネスコスクールなど学校教育を中心に政策化される中で、社会教育での取り組みは自治体により異なっている。

　SDGsの採択から5年以上経ち、国連の枠組みを周知し方向性を議論する段階から、目標達成に一直線に進むだけでなく、実践の振り返りと意味付けを通じて、地元地域での活動と地球環境へのつながりを意識して学び行動する段階にあると考える。探究学習やワークショップなどと共に、SDGs関連

のゲームも開発されており、持続可能な社会に向けて家庭や地域において主体的に考えて行動するための学びに活用している事例がある。避難所ゲームのように地域の具体的な課題を、大人と子ども、学校を含めた多様な関係者が、現状を認知、対話を通して行動計画を作っていく過程は、ESDや社会教育との親和性が高いと考える。

日本でESDがSDGsに比べ浸透しなかった理由として、これは教育関係者が取り組むべき課題との理解があったと考える。英文表記でなじみにくい、との意見もあるが、SDGsがマスコミや企業で受け入れられたのは、分野横断的で地球規模の課題にみんなが取り組むというメッセージが明確であるからだと考える。教育関係者にとっては、社会に浸透しつつあるSDGsを入り口として、EFAやESDによる教育の重要性を共有し、とくに足元の地域課題について多様な関係者との学び合いを進め未来のあり方を議論し、変容の意味をそれぞれの文脈で考える良い機会である。

SDGsは、突如、国連が提唱したものではなく、教育目標についても環境教育、基礎教育、社会教育、コミュニティ教育などの国際的な枠組みや実践の積み重ねから生まれた。持続可能な社会を目指すには、過去から学び、地域から世界の動きを読み解く多面的な学びにより、SDGs達成度合いの評定だけでなく、その過程を大切にしていくことが不可欠である。

地方創生や地域づくりは、現在とこれからの社会における人口構成、産業構造やライフスタイルを考えると、必ずしも地縁に基づく、地域的な結束型のコミュニティだけでなく、第1章でも提起された「新しいコミュニティ」を視野に、多様な形や過程を想定する必要がある。国際協力の視点からは、日本の先進事例の共有だけでなく、時代の変化に対応し地域から地球規模で考え、学び合い行動する人材養成を、学校と社会教育の双方で進めていく必要があると考える。

1 ESDについては文科省ウェブサイトに詳しい。https://www.mext.go.jp/unesco/004/1339957.htm（2021年6月20日閲覧）

2 EUの生涯学習における資質能力については、以下のウェブサイトを参照。https://ec.europa.eu/education/education-in-the-eu/council-recommendation-on-key-competences-for-lifelong-learning_en（2021年6月20日閲覧）

3 イクイバレンシー教育は、学校外での学習を学校教育と同等と認める制度である。アジア諸国を中心に1990年代に導入されたが、学校教育との二重構造への否定的な意見が国際機関や政府で主流であった。しかし2000年代半ばより、社会経済的な理由で学校に行けない人々への学習機会提供の必要性への認識が高まり、UILは学力認定制度のガイドライン及び各国の政策や事例を紹介している。https://uil.unesco.org/lifelong-learning/recognition-validation-accreditation/unesco-guidelines-recognition-validation-and（2021年5月10日閲覧）

4 バングラデシュとタイのNFEに関する法制度は、社会教育推進全国協議会編『社会教育・生涯学習ハンドブック〈第9版〉』(エイデル研究所、2017年）を参照。

5 BRACは元々、Bangladesh Rural Advancement Committee（バングラデシュ農村開発委員会）の略称であったが、2009年よりBRACが正式名称となった。

6 ユネスコは不就学児童・生徒及び非識字者数の多い9か国（バングラデシュ、ブラジル、中国、エジプト、インド、インドネシア、ナイジェリア、メキシコおよびパキスタン）を「E9」としてEFA達成に向けた支援事業を行っている。

7 筆者とオンライン会合を2020年12月と2021年4月に、各々約1時間半おこなった。

8 吉本哲郎は、地元学では地域や住民の持っている力を引き出し、地域づくりに役立て大地と自分に対する信頼を取り戻すと同時に、独りよがりにならないため、外部からの「風の人」と一緒に学ぶことの大切さを指摘している。吉本哲郎「町村の元気をつくる地元学」Civil Engineering Consultant Vol. 233（建設コンサルタンツ協会、2006年）を参照。

9 筆者とオンライン会合を2020年10月と2021年4月に、各々約1時間半おこなった。

10 ユネスコスクールについては、公式ウェブサイトhttps://www.unesco-school.mext.go.jp/を参照（2021年5月10日閲覧）。

11 岡山市のESD・SDGsについては、https://www.city.okayama.jp/soshiki/23-1-4-0-0_25.htmlを参照（2021年5月10日閲覧）。

12 ユネスコのアジア地域事業はhttps://bangkok.unesco.org/content/promoting-community-based-education-sustainable-developmentを参照（2021年5月10日閲覧）。

13 会議の詳細については、ユネスコ・アジア文化センター事業ウェブサイト参照。https://www.accu.or.jp/programme/esd_regional_dev/

14 筆者が2020年2月に松本市を訪問した際の公民館関係者（教育委員会、地区公民館、松本大学）への聞き取りより。

参考文献

- 岡山市中央公民館『岡山市公民館ESD実践集』(岡山市、2014年)

- 佐藤一子編『地域学習の創造』(東京大学出版会、2015年)

- 新海英行・松田武雄編『世界の生涯学習』(大学教育出版、2016年)

- 寺崎里水・坂本旬編『地域と世界をつなぐSDGsの教育学』(大学教育出版、2016年)

- 奈良教育大学ESD書籍編集委員会編『学校教育におけるSDGs・ESDの理論と実践』(協同出版、2021年)

- 西井麻美他編『ESDがグローバル社会の未来を拓く』(ミネルヴァ書房、2020年)

- Chris Duke, Heribert Hinzen, Ruth Sarrazin, *Public Financing of Popular Adult Learning and Education*, DVV International, 2021, Bonn

「現地」の力を頼りに「水俣」を伝える

　水俣病センター相思社は〈患者たちの拠り所〉として、水俣市の患者多発地域に1974年に誕生した。患者たちの精神的な拠り所として、また医療や風呂や仕事など、物理的な居場所を提供する場所として始まった。それから現在までの47年間がたどった道は、平坦なものではなかったし、何度かの大きな転換点を経てきた。

　現在では、特定の患者ではなく、未認定患者やその他いずれの補償策にも該当されなかった人たちも平等に"患者"として対応する相談窓口という〈拠り所〉として活動している。また、活動の主軸を「水俣病を（より多くの人に、そして、次の未来に）伝える」ことに据えるようになった。創立時に患者の共同作業所として作られた「きのこ工場」を利用した博物館である「水俣病歴史考証館」の運営を中心に、水俣案内や講演活動、水俣病関連資料の収集・保存・閲覧などを行っている。

　収入は、考証館入館料、水俣案内、書籍販売、講演執筆活動など直接「伝える」仕事と、水俣の食産品の販売（これも広義の「伝える」仕事だと考えている）によるもの、それと、全国約千人の会員からいただく会費や寄付、という「3本の柱」によっている。だが、最近はコロナの影響で来訪者が減り、これらのバランスが崩れている。

　いずれの活動も、水俣病を「伝える」ことに結ばれ、「水俣病を繰り返さない世の中をつくる」ことを目指す活動となるようにしている。

　ところで、「伝える」活動において、相思社の職員は、水俣病の捉え方や着目点がそれぞれ違う。いずれの職員も、自分の興味関心に合った切り口で水俣病を語り、人脈や個性を活かしながら行っている。基本的なことを押さえていれば、それ以上の伝え方の強制はしていない。マニュアルも用意していない。このような自由が利くのは、活動場所が水俣病にとっての「現地」であることが強い味方となっているからであろう。不幸にして地名が病名となってしまったこの事件は、加害者と被害者がこの町に同居していることや、事件が水俣という日本の辺境の小さな町を舞台に凝縮していることが、「現地」というリアリティをさらに強くしている。そして、患者や患者家族、また様々な運動に携わった人たちやその家族が近所で暮らしている。このように水俣は、水俣病を「伝える」条件がとてもよく揃っている場所である。

相思社には、考証館の見学に毎年平均1500人、水俣案内には700人がやってくる。これらの多くは主に大学生の合宿団体（主にゼミ）である。簡易的な宿泊施設もあるので、春や夏に相思社は学生たちの合宿所のような状態になる。ほとんどの学生たちは、あらかじめ水俣病に関心があって水俣合宿を計画して来るのではない。水俣病に関心がある教員が（ある程度強引に）計画することで、しぶしぶやって来る。ただし、一定数の学生は、水俣になんらかの強い印象を受け止めるのだろう、次年度とか卒業後に、再びやってくる。

　水俣合宿を計画するゼミは、専門をまったく選ばない。社会学や文化人類学が比較的多いが、文学部、法学部、のみならず理数系の先生も、水俣病になんらかの関係を見出して計画してくる。なぜこれほど水俣が多くのジャンルの専門家を惹き寄せるのか、簡単にはわからないが、とにかくこの辺境まではるばる来てくださる方には精一杯の歓待をしている。

　ただ、どのスタッフも、学生にたいしてはほかの来客とは少し違う思いを傾けたくなるようだ。いま相思社の6名のスタッフは、私（51歳）以外は20～30代である。たぶん自分自身が水俣に向き合うようになったきっかけやその根っこのようなものと、学生時代に出会っているからだろう。

　そのせいか、学生たちにたいしては、勉強や学習として頭ごなしに知識を教えるのではなく、この＜水俣に来た＞というきっかけに賭け、「現地」であることや自然が教えてくれることを信じて、少し肩の力を抜いた対応をしている。それは良い結果が出ていると思う。

　本当は水俣病の研究は都会にいても十分にできる。ただ、若い人にとっては、水俣の景色や食べ物の味、空気の匂い、風や波の音、そして滞在中の偶発的な出来事、そういう具体的な感覚の記憶が、知識とセットになっていることが、それを自身に根付かせるのに重要な事だと考えている。

　現在は、そういった「現地の力」がコロナの影響でなかなか活かせない状態となっている。　　　　　　　　　**葛西伸夫（一般財団法人水俣病センター相思社職員）**

震災からの想像力と創造力

　電気や水が止まり、流通が途絶えた東日本大震災（2011年3月）直後の日々を経験した私たちに芽生えた関心事に「ライフライン」がある。蛇口の向こうが果たして安全なのか。コンセントの向こうで電気はどう作られているのか。自分たちの命を支える食料がどのように生産されているのか。そのことへの想像力は、その社会の持続可能性と深く結びついているのではないだろうか。

　震災後の東北では、ライフラインへの地域からの意志が随所に現れている。例えば、宮城県加美町の国有地に放射性物質最終処分場を造る計画に対して起こった地域総ぐるみの学習と運動はその一端である。政府は2011年夏の段階で、福島第一原発事故によって福島を越えて飛散した放射性物質については、東京電力や政府ではなく、各県単位で対処すべしとの方針を特別措置法という形で立法化した。本計画はそれに沿って国と宮城県とで用意されたものであったが、計画に違和感を持った地元内外の有志の検証により、国が自ら示していた基準を満たしていない計画であることや、相当広範囲の水道水源の安全が脅かされる危険が明るみになる中、それを許してはならないとする民意の広がりも受けて阻止された。

　安心できるライフラインを自分たちで創ろうとする動きもある。被災後の仙台平野で、再生困難な農地などを活用して、自然エネルギーによる発電を目指す、非営利の市民共同発電所「きらきら発電」が誕生したことには驚かされ、ときめいた。しかしその一方で、被災後の仙台港には、東北外の資本が参入し、関東圏への売電を目的とした石炭火力発電所が建設され、2017年に運転開始。「電気は東京へ、お金は関西へ、汚染は仙台へ」という構図に、地元は怒りを露わにし、操業差止訴訟にまで発展。類似した計画で参入しかけていた他資本の計画は中止に至っている。

　2006年より、宮城県北の中山間地で始まった「鳴子の米プロジェクト」は、小規模農家が守られない政府の農業政策を超え、前例のない食の流通を創り出すことで、農家の持続を目指した計画である。

　かつて「鳴子の米は牛の餌にもならないと言われた時代があった。中山間地の冷水のかかる田んぼの米はまずく、自分たちも作っていて旨いと思って食べたことはなかった」

と、鳴子の米プロジェクト理事長・上野健夫氏は言う。

　契機は、寒冷地でも旨い耐冷品種「ゆきむすび」の開発だった。地域が試験場に掛け合い、試験栽培をし、食味テストをし、県に直談判して品種の登録にまでこぎ着けた、ということ自体、前例がないことだった。加えて驚かされるのは、地域のお母さん方（炊飯実験、料理法の発掘・開発）や工人（器作り）などによって、この米の持ち味を最大に引き出すための学習・調査・研究が、地域総ぐるみで膨大に重ねられてきたことである。並行して、農家のみならず旅館業者など、地域で異業種が集い、話し合いの末に創り出されたのは、近年の米の価格が1俵約1万円強のところに、1俵24,000円以上の価格を設定し、その価格と品質に納得した「食べ手」のみに注文販売する、という仕組みであった。

　国や市場が米価を決めるこれまでの仕組みを超え、生産者が生産し続けられる価格を提案し、それを理解してくれる方々に心を込めて丁寧に米を作るという試みへの共感は広がり、約30軒の作り手によって約900人の注文者のための米が作られるに至った。その後プロジェクトは、震災で風評被害等の深刻なダメージを受けながらも、粘り強く続け、広げられている。

　こうした動きに学んだ今、語れるようになったことがある。実は私は、震災から2年弱の頃の、ある学生の言葉が忘れられないでいた。「震災の時、多くの人がこれまで疑ったことがなかったものを疑い、価値観を刷新させたはず。だから、社会は大きく変わるに違いないと思った。なのに、ほとんど従前のままに見える。結局この社会は、これほどのことがあっても変われないのではないか。私は震災からある種、諦めを学んだ」と彼女は語った。

　その時私は、彼女の諦念にうまく応えられなかった。でも今は確信をもって言える。「諦めることはないよ」と。震災を機に生まれた新たな連帯で、震災からの気づきを次の社会に活かそうとする現場は、目を凝らせば無数にある。すでに多くの種が発芽していて、ただ、芽が大きく育つのはこれからで、現場はあなたたちの参加を待っている。あせることはない。なにしろ、「善きことはカタツムリのペースで進む」（M・ガンディー）のだから、と。

石井山竜平（東北大学准教授）

コミュニティにおけるインクルーシブな防災管理事業
フィリピン・ビサヤ州の取り組み

　SDGsでは「誰ひとり取り残さない」の理念が掲げられている。私たちの事業は、災害時にとくに脆弱な状況におかれる障がい者に焦点を当てた取り組みである。対象のビサヤ州サマール県の沿岸地域は、漁業、農業、商業貿易が主な収入源となっている。気象災害への対策は十分とは言えず、洪水や高潮を引き起こす台風や大雨の影響を受けやすい。

　この事業は、地元NGO「学習とコミュニティ開発のための住民イニシアティブ（People's Initiative for Learning and Community Development、以下PILCD）」が2015年にドイツの助成団体へ事業提案して始まった。この過程には、地方自治体、障がい者関係組織、地域市民団体、学術機関、教会・宗教団体など多くの関係団体が参加した。

　参加とインクルージョンがPILCDの理念と方針である。この事業では障がい者を含む災害リスク軽減を目的とし、防災管理への政府の関与と参加、高リスク・グループや個人の能力、コミュニティの意識を高め、民間、自治体、学校間の連携とパートナーシップの確立を目指している。経済的・社会的発展の機会の欠如が、経済・社会・文化をめぐる権利侵害につながり、意思決定への参加や市民の政治的な権利の低下を招き、最終的に社会的排除や烙印、孤立を引き起こす悪循環を断ち切ることが喫緊の課題であった。そのため、障がい者自身のエンパワーメント支援と、障害に配慮した施策を企画、実施、モニタリングし評価する複線型、すなわちエンパワーメントと社会環境整備の両輪で取り組んでいる。

　具体的には、障がい者、女性、高齢者、若者、漁師組織を含むコミュニティ組織など関係団体の研修担当者に向けて、参加者のリーダーシップ、組織運営、ネットワーキング、アドボカシーの能力開発研修を行っている。さらに多様性に配慮した事業チームを編成し、研修と活動支援を以下の分野で行ってきた。(1) 気候変動と防災に関するコミュニティの意識向上、(2) コミュニティの危険（ハザード）マップ作成、早期警報システム導入、緊急時対応計画の作成、障がい者、女性、高齢者を含むコミュニティの防災管理委員会の創設、(3) 障がい者を対象としたコミュニティ内の基本的なデータ収集、(4) 12バランガイ（行政地区）内の障がい者マップを活用した高リスク地域に居

住する障がい者の特定。バランガイには、障がい者担当局が設置され、障がい者をサービス提供者としても事業に参加できるよう雇用を促進している。事業実施と併せて、活動に参加した個人および団体が、防災に関する地域向け音声・映像教材を企画・制作し、脚本の執筆・編集、現地語への翻訳作業から、出演に至るまでを担当した。

　事業を進める中で、参加グループ間、特に政府機関や学術機関とコミュニティ組織、特に障がい者との間にある力関係の管理が最大の課題となった。低所得者層や不利な立場にあるグループの参加者は、権威的・社会的・経済的に高い地位にある人々と一緒になると、研修中の発言を控えたり受け身になりがちである。障がい者の大半は教育レベルも自尊心も低く、行政官や専門家が往々にして研修や活動を支配してしまう。こうした問題も、障がい者に対して、リーダーシップ、ファシリテーション、人前で話すこと、グループで働くことに関する能力開発支援により克服してきた。また参加型の方法論を取り入れた研修により、不利な立場にあるグループの参加者たちも積極的に自己表現し、議論や活動に参加できた。並行して、権威ある立場のグループを対象としたインクルーシブな社会づくりに向けた意識向上と能力開発の研修も実施した。

　立場の違いを越えて協働を進められた要因として、災害と気候変動という目の前の共通課題があり、人々が一丸となって解決策を模索する基盤があったことが大きい。また事業への組織と個人のコミットメント（関与）が高く、覚書など文書による合意は必要なかった。さらに、マインドマップ、演劇、音楽、詩、視覚アート、ゲームなどの参加型、包括的、柔軟なアプローチにより、障がいの有無に関わらず個人やグループでの活動により、楽しみながら脅威を感じず学習できる環境を整えた。インクルーシブな社会をめざすには、取り組みに参加する各組織や機関の利益や枠組みを考慮した上で、事業全体の仕組みと活動を計画し実施する必要がある。(PILCDウェブサイト www.inclusion.pilcd.org）　**ラモン・G・マパ/Ramon G. Mapa**（PILCD事務局長）、翻訳：大安喜一

第Ⅱ部

生きづらさを抱える子ども・若者の自立支援と社会参加

世界は今、人類史上最多18億人の若者人口を抱えている。しかし、SDGsの目指す持続可能な未来の舵取りをする若者たちを取り巻く現状は明るいとは言えない。日本でも不登校・中途退学者の急増、「ひきこもり」の増加と長期化、さらに若者の自殺率の増加や、経済格差による教育や就業の格差の拡大など、若者たちの「生きづらさ」を象徴するニュースで日々あふれている。

第Ⅱ部では急速に変化する世界の中で、未来を生きる子ども・若者が自主的に動き、決定する主体となるための学びとは何か、それを保証する社会とは何かを考える。第3章で日本の子ども・若者の生きづらさの実態を検証し、具体的な活動を通して、いかに若者たちが問題の解決に向けて立ち向かっているのかを考察する。第4章では、ヨーロッパ、とくにイギリスの事例を挙げ、若者支援に向けた諸制度の展開に着目する。第5章では、アジアの不就学児童や若者の学習権と生存権を担保する制度の構築や実践を通して、若者の学びの機会と社会参加を考える。

第3章

生きづらさをかかえる
子ども・若者の自立支援

佐藤洋作

1. 日本の子ども・若者の生きづらさ

（1）子ども・若者の自立を支える社会のちからの衰退

　2019年度の小・中学校における不登校児童生徒数は約18万人で、過去7年間、小・中学校ともに増加しており、高等学校における不登校・中途退学者数は約10.1万人で4年連続減少したが、その後増加に転じている。早期離職は新卒から3年間で約28.5万人、さらに「ひきこもり」の40〜64歳が推計61.3万人の調査結果が報告され、15〜39歳の推計55.1万人を上回り、ひきこもりの高齢化、長期化が鮮明になった。また小・中・高等学校の自殺した生徒数は332人に上り、10歳〜39歳までの死因1位は「自殺」になっており、ロシア・韓国と共に若者の自殺率が高い国である。コロナ下の2020年度は小中高生の自殺者は440人で、内訳は小学生13人、中学生120人、高校生307人、など子どもや若者の「生きづらさ」を示すデータは枚挙にいとまがない。

　こうした子どもや若者の生きづらさの背景には、子ども・若者の社会的自立を支える社会の構造的な変化がある。1980年代までの「大人へのなり方」は家庭から学校へ、そして会社へと子ども・若者を受け渡す教育力や受け渡しシステムが確立しスムーズな職業的自立が可能であった。こぼれ落ちそうになっても、支え合う仲間、教師、地域コミュニティ、中間団体、職場

内訓練（OJT）等のセーフティネットが効いていたし、なによりも家庭の社会へのプッシュ力が有効性を持っていた。しかし、バブル崩壊以後に経済格差の拡大、貧困化が進む中、家庭や地域のセーフティネットや子どもや若者の自立を支える力を急速に弱めていった。仕事・家族・教育という3つの異なる社会領域の間がアウトプットとインプットという関係で太く結ばれていた「戦後日本型循環モデル」は崩壊した（本田、2014）。不安定な雇用、際立つ低賃金、結婚・家族形成の困難という特徴をもつ「アンダークラス」が形成され、その階層に属する若者は学校中退者が他の階級より多いこと、いじめを受けた経験や不登校経験率が際立って高いことなどが特徴となっている（橋本、2018）。教育からの排除が仕事からの排除、そして人間らしい生活からの排除に一直線につながっていく状況が一般化している。

　この章ではこうした状況に対する行政からの施策や市民運動の側から生まれている多様な取り組みについて紹介する。さらに若者の自己教育の可能性について触れる。若者の学校から社会への移行過程の困難は、グローバル経済化や労働の流動化といった社会経済的変容の中でもたらされたものであるが、子どもや若者の社会参加や就労への意欲の高まりを待つだけでなく子どもと若者たち自身が、生きづらい社会に対峙し、学ぶことを通して、生きやすい社会を創造していく主体へと育っていくことがどうしても必要になる。今日の若者支援の取り組みの中で若者の自己教育を支えるプログラムが生まれている。若者たちが学び合うことのできる居場所づくりの実践を通して若者たちが成長していく姿を紹介する。

（2）世界から見た日本の子どもと若者

　不登校、ひきこもり、貧困化など、子どもと若者をめぐる生きづらい状況は生活の隅々に広がっている。このような日本の状況は世界にどのように映っているのか。

国連子どもの権利委員会が第3回勧告（2010年）で、日本の教育システムがあまりに競争的なため、子どもたちから、遊ぶ時間、からだを動かす時間や、ゆっくり休む時間を奪い、子どもたちが強いストレスを感じていること、それが子どもたちに発達上のゆがみを与え、子どものからだや精神の健康に悪影響を与えていることを指摘し、適切な処置をとるよう勧告した。さらに第4回勧告（2019年）でもひきつづき、子どもたちの学校生活は「学力向上」という競争圧力と、「規範意識」という同調圧力に覆われていき、それと比例するように、校内暴力、いじめ、不登校、自殺などの学校ストレスの指標が急激に悪化しているとし、あまりに競争的な学校環境から子どもを開放せよと勧告した。SDGsが求める「安全で非暴力的、包括的、効果的な学習環境」の達成も勧告の中に位置付けている。さらには、子どもに影響を与えるすべての事柄について、自由な意見表明とその意見が適切に重視されていることを求め、子どもが権利行使する環境づくりと、参加の促進を勧告している。

　経済協力開発機構（OECD）は、仕事や就学をせず家事もしていないし職業訓練も受けていない（Not in Education, Employment or Training, NEET）15〜29歳の日本の若者の現状に関する報告書（2017年）を公表した。就業している若者の半数は非正規契約の仕事についており、全ての若者が労働市場に積極的に参加できるよう支援することが不可欠だとしている。また日本の若者（18〜25歳）の貧困率がOECDの2012年調査で約20％と、加盟国の中でも高いことを問題視し、若者の雇用見通しを改善し、「ニート」の割合を削減する取り組みを強化すべきとしている。深刻な問題となっているのは、30歳未満の推計32万人（この年齢層の約1.8％）がいわゆるひきこもり状態にあるということ、これらの若者の多くは、社会や教育、労働と再び結びつきを持つために、長期にわたり集中的な支援が必要であることを指摘。日本では、職業訓練は従来から雇用主によって現場で与えられていたが、しかし、非正規労働者を雇う雇用主が増えている中、このモデルは有効性を

失いつつあることから、後期中等教育における職場学習とともに、仕事に就けなかった高校卒業者向けの有効な積極的労働市場プログラムを強化する必要があるとも指摘している[注1]。

　たしかに我が国にとって極度の貧困や飢餓の克服が目標ではないが、子どもたちに「適切かつ効果的な学習効果をもたらす、無償かつ公正で質の高い初等教育及び中等教育を修了できる」（SDGs4.1）条件を整備すること、さらには若者たちに「完全かつ生産的な雇用及び働きがいのある人間らしい仕事」（SDGs8.5）を提供し、「就労、就学及び職業訓練のいずれもおこなっていない若者の割合を大幅に減らす」（SDGs8.6）ことは我が国にとっても推進しなければならない開発目標になっている。子どもや若者たちが人間的な生活と平和な世界を創造する主体として成長し社会的自立を達成していくための「学習権」保障こそ、我が国に課された課題である。

（3）自己肯定感の低さと自己責任感の重さ

　2013年の内閣府の調査によれば、若者の職場への満足度が最も低い国、若者の自分自身への満足度が最も低い国、憂鬱だと感じている若者の割合が最も高い国は、いずれも日本である。また、国や地域の担い手として政策決定に参加したいと思う若者、自らの社会参加により社会現象が少し変えられるかもしれないと思う若者の割合が最も低い国もまた、いずれも日本である。そして、自分の将来について明るい希望を持っているか否かについては、「希望がある」と「どちらかといえば希望がある」の合計が、他の諸国では8割から9割の水準であるのに対し、日本は6割と低く、特に、明確に「希望がある」と答えた若者の割合は、アメリカ、イギリス、スウェーデン、韓国がいずれも4割から5割であるのに対し、日本は約1割にすぎない[注2]。

　また、文部科学省の報告でも、諸外国と比べ、我が国の子どもたちは、学力がトップレベルであるにもかかわらず、自己に対する肯定的な評価（自己

肯定感）が低い状況にあるとし、将来の日本を担う子どもたちが、自分の価値を認識して、相手の価値を尊重するとともに、リラックスしながら他者と協同して、自分の可能性に積極的に挑戦し、充実した人生を歩めるよう、対策が必要だとしている[注3]。

　このように政府の調査報告書で子どもや若者の自己肯定感情の低さが指摘されているが、とりわけ不登校の子どもやひきこもりの若者たちは、自己肯定感情が低く、他者に受け容れられないことへの不安が大きいから、学校や社会に出ていくことに臆病になっている実態がある。今日の競争的な学校環境や非人間的な労働環境が不安や怖れをもたらしていることは無視できず、「甘えている」「働く意欲がない」と批判する前に、そのような背景にある社会経済的環境がまず問題にされなければならない。

　また自己責任感情が若者を圧迫している。グローバル競争に打ち勝つためには競争主義を徹底する必要があるとする新自由主義的なイデオロギーと政治・経済的展開が、不安定雇用など競争の結果には自己責任で対処せよという自己責任論によって若者を委縮させ孤立させている。若者たちは何事もうまくいかないのは自分のせいだから仕方ないとあきらめ、将来への希望も見失っている。低い自己肯定感と重い自己責任感が子どもと若者の生きづらさを生み出していると言える。

2. 不登校・子どもの貧困に抗して

（1）居場所づくりからフリースクールへ

　不登校は過去最多を更新し、さらにNHK調査によれば「不登校傾向」にある中学生は相当数に上り、中学生のうち、44万人から85万人が「不登校」および「不登校傾向」にあると推計している[注4]。不登校や不登校傾向の子ど

もへの対応は、まず教育行政に課せられており、すべての子どもが豊かな学校生活を送り安心して教育を受けられるよう、学校における環境を確保・整備することが前提となる。同時に不登校の子どもの学習保障や進路保障のためには学校教育を超えてインフォーマル、ノンフォーマルな教育活動やサポートが必要であり、不登校親の会などの当事者たちからの対抗的な取り組みが広がっている。不登校の小中学生は、学習の援助をしながら本籍校に復帰できることを目標に市町村の教育委員会が運営している適応指導教室（教育支援センター）に通うものもいるが、その他には居場所やフリースクール（FS）などが受け皿になっている。

　フリースクールの規模や活動内容は安心安全の居場所から学習指導を中心に置くものまできわめて多様であって、公共施設やマンションや事務所ビルの一室を借りて運営されており、教育レベルに大きく差があるのが現状である。しかしながらどのFSでも教育（活動）内容は子どもの自主性と自治活動を尊重しており、既存の学校の画一的な授業と管理主義的な指導とは違うオルタナティブな教育の可能性が生まれている。近年では公設民営の居場所（FS）も生まれているが、大半は不登校の子どもの親たちの自主運営のものから、NPOで運営されるもの、教育産業が経営するものまで、公的助成は乏しく施設も脆弱で実施環境は必ずしも十分ではない。

　筆者の関わるNPO団体が開いているフリースペース「コスモ」は学習塾から生まれた不登校の子どもたちのための居場所である。塾の教室に集まるようになった不登校の子どもの保護者たちと協同で、学校に替わる教室が終日ひらかれるようになった。

　とにかく、子どもたちが行きたくなる場でなければ始まらない。チャイムで区切られた学校的時間から、一人ひとりのペースで自分の"いま"やりたいこと、"ここ"でやれることが支えられる。ゆったりとした時間が流れる、一見すると無秩序な空間である。ただ、たびたびおこなわれるミーティングや

集団活動、年間を通したコメづくりや夏恒例の冒険旅行などはみんなで参加する。とは言っても、辞退することも拒否することも尊重され、次回への参加意欲を溜め込むことが保障される。集団的自治と自己決定の両方ともが統一的に追及される。さまざまな体験を通じて心から湧き上がる思いや感動がなによりも大切にされ、それを誰かに伝えたくなったとき発表会や報告会がひらかれる。子どもたちは文章に表現し声をあげ、自分の言葉を豊かにしていく。不登校の子どもの居場所では、教え込みからプロセス充実的学びが創造されなくてはならない。学ぶ意味が空洞化し競争圧力で動機づけられた画一的な学びでは不登校の子どもたちを学びの世界に連れ戻すことはできない。子どもたちの探求的な学びで学習と学習意欲を循環させる問題解決型の体験的な学びを創造するしかない。不登校の子どもたちの居場所は子どもの権利保障の場であり、持続可能な開発のための教育の場でもある。

　不登校の子どもの学校復帰支援だけでは限界があることが明らかになり、FSなど学校外の居場所をサポートするための制度が整備されようとしている。「義務教育の段階における普通教育に相当する教育の機会の確保等に関する法律（教育機会確保法）」（2016年成立）には、学校外での「多様で適切な学習活動」の重要性を指摘し、教育行政に対して不登校の子どもや親に学校外施設などさまざまな情報を提供すること、学校とFSとの連携を構築することを求め財政保障も課題として組み込まれている。また、この法律には夜間中学への就学機会の提供も盛り込まれたことによって、不登校経験のある若者への学習機会が増えていくことが期待される。

（2）貧困の連鎖を断つために

　子どもから成人期へとスムーズに移行できないリスクが増大している。その背景には労働市場の変化、高学歴社会、個人化する社会、家族の変容などがあり、その結果としての低学力、低学歴、心身のハンディキャップ、学

校における負の体験、情報の不足などが移行期のリスクを増す要因となっている。さらに指摘すべきは、困難な状況に陥った際の脱出できる力の格差である。つまり親世代の貧困が子どもの成長や進路に影響を及ぼし子ども世代の貧困へとつながっていく、「貧困の連鎖」が進んでいるという事態である。2019年度の「国民生活基礎調査」（厚生労働省）によると、日本の子どもの貧困率は13.5％（2018年）で、2015年に13.9％であったことを考えると少し減ったが、17歳以下の子どもの約7人に1人が経済的に困難な状況は変わっていない。とりわけひとり親家庭の貧困率は世界トップで、日本は母親の就労率は世界的に高いにもかかわらず、貧困率は50.8％と33カ国中トップである。

　貧困が子どもたちにもたらす影響として、対人関係や社会性に困難が生じるアタッチメント障がいの傾向が指摘されているが、やはり家庭の持つ文化資本の不足や、教育費不足、親による学習指導の不足など、家庭の教育力の貧困が学習意欲の欠如、進路観の未形成、自己肯定感の脆弱さへの大きな影響力をあげなくてはならない。困窮家庭の子どもたちの多くは、家庭の経済的制約だけでなく、「ヤングケアラー」として家族介護や家事負担などを引き受けているケースも少なくなく、ロールモデルの欠如や、将来への見通しのなさなどの不利や困難に直面している。学力だけでなく、意欲そのものの低さが、彼らの社会的自立を押しとどめる。経済的格差は意欲格差を生み出している。

　このような経済的格差からくる子どもの学力や意欲の格差を埋めるために多様な取り組みが立ち上がってきた。民間の自主事業「無料塾」の広がりに先導される形で、学習支援が公設民営で広がっている。「生活困窮者自立支援法」（2015年施行）に基づく実施率は56％（2018年度504自治体）に上る。それ以外にも、ひとり親家庭の学習支援、地域学校協働活動推進事業としての「地域未来塾」などが実施されている。

　学習支援は、学力向上のみでなく、生活支援やソーシャルスキルの獲得な

どがめざされ、子どもたちの生きる意欲そのものを高めることが課題となる。参加学年は中学生が中心であり、高校生世代の参加は限定的で、この世代への対応が課題になっている。経済的困窮世帯の高校生はたとえ進学できても中退する生徒が多い。アルバイトで遅刻欠席、通学定期が買えないので学校に行けない、その結果、部活もできない、学業不振で留年、友達付き合いができないため孤立して退学に至ることは多い[注5]。

　学習会は子どもたちにとって学習教室であるだけでなく「居場所」でもある。学生スタッフ、ボランティア、ケースワーカーは勉強を教えてくれるだけでなく自分のために待っていてくれる人、心配してくれる人であり、話し相手、相談相手となってくれる。スタッフたちにケアされる安心安全な場所であり、自分が来てもいい、居てもいい場所である。また大学生スタッフは、進学そのものをあきらめていた子どもたちにとって憧れであり、ロールモデルとして進学を含め将来への希望となる[注6]。

　また学習支援の他に子どもの貧困に対応する取り組みとして、ここ数年「子ども食堂」が全国で急速に普及している。地域の子どもに無料や低価格で食事を提供する「子ども食堂」が、2016年5月の段階で全国に300ヶ所あまりであったが2020年12月にはコロナ禍の中5000ヶ所を超えて全国に広がっている。子ども食堂は東日本大震災の翌年に登場し、子どもの貧困の広がりへの対抗として始まった取り組みだが、貧困家庭の子どものためだけでなくしだいに地域の交流拠点としての機能を持ち始めている。地域のボランティアの人々が子どもたちの孤食を防ぐために食事を提供するだけでなく、絵本の読み聞かせや、ミニ音楽会などをひらき、学習会も同時に開いている子ども食堂も多い。さまざまに参加する市民（ボランティア）にも人と人との関係性が切断され孤立化が進む中で、子どもを支える目的で集まりながら、さまざまな役割を得て地域社会で思わぬ出会いやつながりをもたらすなど心のよりどころの一つとして機能している。「にぎわいを創りたい。そ

こからこぼれる子をなくしたい」^{注7}という子ども食堂の広がり支える思いは
SDGsの核にある「持続可能な発展をしよう。そこから取り残される人をな
くそう」という想いと重なる。

3. 若者支援の展開

(1) 就労準備支援プログラム

　若者のひきこもりやニート状態を憂慮し、政府もヨーロッパの先進国に遅
れながらも、さまざまな若者支援策を打ち出してきた。2003年に「若者自
立・挑戦プラン」を策定し、若者向けの就業相談支援機関を開設したり、イ
ンターンシップやキャリア教育を推進してきた。2006年度からは「地域若
者サポートステーション」事業（以後、サポステ）が開始された。直接的な
就労支援でもなければメンタルケアでもない、いわゆる広い意味での進路相
談を求める若者たちへの総合的な相談窓口である。

　現在全国で177ケ所開設されているが、各地のサポステでは面接相談の他
に「コミュニケーションスキル・トレーニング」や「ジョブ・トレーニング」
などのプログラムが実施されている。若者支援プログラムでは企業や地域の
事業所での仕事体験などが必須であるが、実施団体が運営するレストランや
ベーカリー、農場での研修に取り組むケースもある。その他にパソコン講座、
簿記講座、ヘルパー養成講座などを実施している例や、発達障がいの若者に
対する就労継続支援事業との連携による研修などが進められている。

　筆者が関わる団体が経営するベーカリー「風のすみか」は、若者が働く体
験を通して学ぶことのできる仕事場をめざし開業された。仲間との協働体験
によって、働く自信や喜びを学び取り、次の社会参加への意欲と希望を習得
する中間的就労の場である。保存料、添加物は一切使用しない天然酵母のパ

ンが売りで、材料の一部は若者たちが自前の農場で栽培したものを使用している。安全でおいしいパンと地域の人々にも喜ばれ、保育園の給食などにも提供する。地域で喜ばれるパン屋のメンバーの一員であることは若者の働く誇りにもなり、自信回復にもつながる。毎日の振り返りミーティングでは、作業手順の改良点や販売促進について意見を交わし、それぞれ反省点や感想を述べあい、メンバー相互の働きぶりを評価し合う。先輩が新しく参加してきたメンバーに、「ちゃんとやらなくてはと思うのでなく、仕事は大変だけど楽しんでほしい、価値あることをしているんだという感じで働いてほしい」と自分の体験を話しながら後輩にエールを送ることもある。

　若者たちは、自分はほんとうに働けるのか、失敗したらどうしようなど、働くことに極度に臆病になっている。若者たちがそんな悪循環から脱していくためには、やはり、働く体験が必要になる。仕事体験ではまず「失敗が許される」働き方が条件となる。「できるか、できないか」の評価にさらされつづけてきた若者たちは、失敗への叱責を自己の人格全体への否定的評価と受け止めがちであり、そのために失敗することを過剰に恐れ、心と体を萎縮させ動けなくなってしまう。失敗しながらもやり直すことが保障されるなかで、若者たちは生き生きと働けるように心も体も解放されていく。

（2）居場所から生まれる若者たちの自己学習

　子どもたちだけでなく若者たちにも居場所が必要である。とりわけ社会的自立過程に困難を抱える今日の若者たちには社会的自立過程を支える学びの場が提供されなければならない。若者に必要な居場所とは、若者が生きづらい社会に向き合い進路を切り拓いていく力量を獲得していくための学習活動が支えられる場である。先に紹介したベーカリーも協働体験を通した社会的自立への自己学習活動の場として構想されている。仕事体験の場であると同時に仲間と共に孤立から解放されて社会につながっていくベースキャンプである。

学校教育から排除されていった経験を持つ若者たちは、社会から排除されるのもやむをえないものと受け止める。チャンスは等しく与えられていたのに、生かせなかったのは自分の責任だから仕方がないという諦めである。この心情が、自己責任イデオロギーを容易に取り込んでしまい、若者たちは自らの困難を相対化し、その原因を社会のあり方などに求めることなく、現実に立ち向かっていく意欲も希望も失い、孤立し、自閉している。

　若者たちは自分と同じ体験をしてきた仲間に出会い、孤立感や自責感からしだいに解放されていき、仲間意識も生まれてくる。他者への不信感に浸され社会から孤立していた若者たちは、外傷体験を共有する他者との出会いが社会は無意味なものではないという感覚を取り戻すための前提条件となり、外の世界への防御壁を崩していくことができる。応答性に満ちた安全・安心な居場所の時間の中で受容され、承認され、そして他者へとつながっていくことで人間性を蘇らすことができる。そしてやがて自分の体験や、狭い人間関係に向けられていた若者たちの関心は、居場所の活動そのものへと開かれ、その居場所をベースキャンプにさらに外の世界へと導かれていく。

　若者たちは仲間やユースワーカー（スタッフ）との対話から生まれる学び合いを通して自分たちを取り巻く社会状況に対峙し生きづらさの社会的文脈を読み解く力量を獲得する。その力を梃子にして生きづらい現実社会の関係性や価値観の中に自分自身が取り込まれていることを自覚的に見つめ直し、そこから自己を解放してゆく主体的な構えが生まれていく。若者たちは、生きづらい社会状況に翻弄されるだけの客体からその変革を見据える学習主体へ、「なりゆきまかせの客体から、自らの歴史をつくる主体」[注8]へと成長していく可能性が生まれる。若者たち自身が要求主体として時代に向き合い、生きづらい社会に対峙し、学ぶことを通して、生きやすい社会を創造していく主体へと育っていくことが望まれる。

（3）10代後半の若者のキャリア教育

　義務教育段階で不登校となっていた子どもたちの進路は多様に準備されており、最近では通信制高校に進むものも多い。月に1～3回ほどの授業出席（スクーリング）とレポート提出で卒業のための単位を取得できる通信制は、中学校までの学校生活になじめなかった若者たちには適合的である。しかしながら通信制高校では勉強は独学で行わなければならないため、途中で挫折してしまうケースも多く、そうならずに卒業できるよう、学習面、生活面、精神面でサポートする塾「サポート校」がさまざまな形態で生まれている。フリースペース「コスモ」の生徒も高校生年齢になり通信制に進学するケースが多いが、その生徒たちのためにサポート授業が進められている。そこではたんなるレポート指導や試験対策だけでなく彼ら彼女らの進路形成をささえる学びの機会が整備されている。先に紹介したベーカリー「風のすみか」での仕事体験は高校生段階の若者にもキャリア教育の機会も提供している。

　安全で上質のパンを製造する労働体験（スローワーク）は働くことの楽しさを学ぶ基本的な体験学習となる。自分たちが参加して製造されるパンが地域の人々に喜ばれていることに触れ、労働の文化的社会的意味についても学ぶ。食材生産現場を訪れ安心安全な食材にこだわる生産者の話を聞き取る。市場経済とは違うもう一つの連帯的で地域循環型の経済システムが存在していることを知り納得する。また売れ残ったパンの処理をめぐって、「フードロス」問題への探求に発展することもある。遺伝子組み換え食材の危険性や世界の食糧問題を警告する資料を読みドキュメンタリー映画などを鑑賞し語りあう。140億人分の食料を作っているのに、全世界では飢えている人がいる矛盾や日本が世界トップの食糧廃棄国であるという事実を知り、大量生産、大量廃棄によって成り立つ市場経済への疑問や批判的認識力が芽生える。

　● 種のパイオニア社部長の「利益を最大化させないとやっていけない」仕

組みの話や、ネスレ会長の話も同じように自分勝手な意見だと感じた。世界の半分は飢えている現実がある。「やるせない」と感じた。これらの利益を自分だって享受している。スーパーの大量の商品の中から商品を選んでいて、そこで余ったものを廃棄して、そんなシステムの中で人は生きていて、それは自分が生まれた時からそうだった。(女性、16歳)

- 企業が家畜の飼育の効率化を求めて人間の体を害するまで影響を及ぼしている。牛や鶏などは悲惨な扱いを受けている。…効率化を進めるなど、地球環境破壊は無秩序な経済の自由競争が根元になっていると考えられる。人間の過剰な欲望は時に自分自身を破滅させることになる。安全性を求めるほどに値段が高くなっていく、そもそもの理由が知りたい。(男性、16歳)

進路模索の時期にある10代後半（高校生段階）の若者には職業意識を高めるだけのキャリア教育ではなく市民性を育て、主権者となるための力量形成に資する政治的シティズンシップ教育などとも有機的に関連させて取り組まれる教育活動が必要になる。高校生の時期におけるキャリア教育は本格的な職業教育というより労働の本質についての理解が中心になる。人間の生活に必要なモノやサービスをつくりだす労働体験は、共に働く人々との交流を通して、働くことの文化的意味や喜びを感じ取り、労働観の土台を形成する学習機会となる。このような体験的なキャリア教育が自らの課題と可能性の気づきの機会となり、今日の就労をめぐる厳しい現実に自ら立ち向かい、前へ進む意欲と希望を与えるものになる。さらには、社会問題や地球的課題などと出会うことを通して、若者一人ひとりの中に問題意識が結ばれることができれば、生き方を支える進路観が醸成される。

（4）子ども・若者支援ネットワークづくり

　困難を抱える子どもや若者の困難は、学校からの排除や家庭の貧困、負の学校体験、あるいは心的外傷を抱えるなど多様で複合的に関わりあっている。こうした事態に対処するためには医療・保健・福祉・教育・労働等の関係機関からなる地域支援ネットワークや、さらには幼児期から青年期まで切れ目なく支援をつなげていくこと、とりわけ学校から仕事への接合支援が重要であることが明らかになってきた。子どもの生活や学びを支え、若者の社会的・職業的自立を支える地域の包摂力を回復することが必要である。

　より子どもの段階で体験するさまざまな困難や学校から社会への接続の失敗などが、将来の社会生活を円滑に営む上での困難や、ニート状態に陥る背景要因となるという認識のもとに、「子ども・若者育成支援推進法」（2009年）が制定された。学校時代から青年期までつなげて支援するためにこの法律の対象は小学校低学年から青年までと広い。困難の芽を早期に発見し、関係機関が連携して対応していくことが必要だという認識がある。その他、この法律が、困難を抱えた子どもや若者の支援という個別法的性格とともに、すべての子ども・若者の育成支援という基本法としての性格を併せ持っていることから、依拠すべき根本法は、国内的には「憲法」、国際的には「子どもの権利条約」であることが明記されている[注9]。

　困難を抱える子どもや若者の危機の要因はさまざまであり、したがってその支援には多様なアプローチがあり、総合的で継続的なネットワークが必要である。行政システムもそれに対応したものでなければならないが、そうはなっていない。たとえば若者の就労支援については各省庁の「縦割り」に起因する類似事業の重複と分断があり、若者たちに十分な政策的ケアが届いているとは言い難い。同じひきこもりの若者でも、その原因は、家庭環境や学校の職場でのいじめ体験や不登校体験、厳しい職場体験からの精神疾患、そして発達障がいなどのハンディキャップなど様々であり、さらにはそれらの

複数の要素が絡むこともあり、簡単に原因を判断することは難しい。行政は従来、「不登校や教育問題は教育委員会」、「就労支援ならハローワーク」、「生活支援なら福祉事務所」、「医療に関わる保健所」と言ったように担当を分けて対応してきたが、それでは複合的原因への有効な対応にならないことから、この法律はこうした縦割り行政の弊害をなくすことも目的の一つにしている。そのためにこの法律では、自治体が中心になり、児童相談や保険観察所、NPOなどで構成するネットワーク「子ども・若者支援協議会」が支援の中核と位置づけられている。しかしながら、設置状況は全自治体の1割程度にとどまっており今後の課題を残している。

(5) 若者を地域につなぐ

　企業が地域のNPOや若者支援機関と交流・協同して若者たちの仕事体験を受け入れる動きが生まれている。この取り組みは若者を地域社会に包摂していくネットワークの広がりであり、地域の関係性を編みなおしていく取り組みにもつながる。若者就労支援の難しさには若者の働くことへの不安などの主体的な要因があることは否定できないが、より本質的な要因は非正規労働が一般的な雇用環境にある。たとえ仕事に就いたとしても続けられる環境にないケースも多い。こうした状況を克服するには、一人ひとりの若者と職場をマッチングさせるだけでなく、若者を受け入れ育てる職場をつくり出すことであり、よりディーセントな働き方を追求する職場を広げるなど、地域全般の雇用のあり方を変えていくことである。

　筆者も参加するNPO「わかもの就労ネットワーク」は中小企業家団体と若者をつなぎ、若者の職場体験から雇用までを同行支援するボランティア団体である。職場体験を受け入れた企業の経営者がその若者を雇用したり他の企業に就労斡旋することもあれば、若者支援機関同士で相互の若者に仕事現場を紹介し合うこともある。

Tさんは若者支援機関の紹介で印刷業の現場での職場実習に臨み、はじめて収入を得ることができた。実習中の会話の中で、実は"ものづくり"がやってみたいとの想いを話したことがきっかけになり、社長自らがつてを辿って金属加工の現場を紹介。そこで1年弱ほど実習したところで、仕事内容が高度であったことからまた相談して紹介され、より仕事の内容がはっきりしている現在の清掃の現場に着地しつつある。

　またOさんは、パン屋で仕事体験していたが給食のパンを届けていた地域の保育園から声をかけられアルバイトの保育助手として働き始めて1年が経過した。対人関係に不安を抱えていたが、無邪気な子どもたちとの日々は楽しく、人との関係づくりに疲れた心が癒されて行った。「ここの保育士さんは子どもを叱るのではなく共感的に寄り添っている」。Oさんはそういう優しい雰囲気が気に入っている。今は保育士の道に進むのもいいかもしれないと思い、保育園からすすめられている通信教育を受講し、保育士免許を取得したいと考え始めている。

　若者支援機関のネットワークと企業ネットワークを結ぶことで、市場化されバラバラにされた地域社会を互助的な関係性へと編み直し、地域の包摂力を取り戻していく取り組みが生まれている。企業にとっても若者を受け入れる経験を通して職場の働き方を改革することにつながり、若者は信頼できる企業（社会）に出会うことができれば働くことへの自信と希望を膨らますことが出来る。若者の就労支援と地域づくりをつなげて推進しようとする試みである。つながりのある地域社会に参加することによって若者は社会の中に居場所を広げ社会的役割（シティズンシップ）を獲得していくことができる。

　居場所はオルタナティブな学びが生まれる場であり、インフォーマル教育の場である。主体的で対話的な学び合いを通して、子どもと若者たちは自己肯定感情を回復し自己責任感から解き放たれる。そして若者たちは自らのキャリア形成を支える自己学習を通して自分自身の世界を読み取り、自分た

ちの歴史をつづる主体へと成長していく。

　コロナ危機を乗り越えたその先に問われているのは、地域の中で、社会全体で、そして国を超えて共生社会を広げることである。SDGs時代の教育とは、再生エネルギーの活用、貧困の根絶、人権の擁護、多文化共生、差別や排除の克服などさまざまな課題を対象とする教育であると同時に、人類史的な危機の時代に向き合い、他者と協同して克服し共生社会を創造する主体形成に向けた教育である。子どもや若者たちが持続可能な社会を実現していく主体に成長していくために必要な学習活動を中身とするものでなくてはならないだろう。

注		
	1	「若者への投資：日本─OECDニートレビュー」(OECD報告書、2017年)
	2	「我が国と諸外国の若者の意識に関する調査」(内閣府、2013年)
	3	「日本の子供たちの自己肯定感が低い現状について」(文部科学省、2016年)
	4	「知られざる隠れ不登校の実態」(不登校新聞、2019年5月)
	5	「子どもの学習支援事業の効果的な異分野連携と事業の効果検証に関する調査研究事業」(さいたまユースサポートネット、2017年)
	6	「子ども・若者の貧困対策諸施策の効果と社会的影響に関する評価研究」(研究代表者：阿部彩（首都大学東京）、2015年〜2018年)
	7	湯浅誠「こども食堂の過去・現在・未来」『地域福祉研究』No.47（2019年2月)
	8	「学習権宣言」(第4回ユネスコ国際成人教育会議、1985年)
	9	佐藤洋作「『子ども・若者育成支援推進法』と若者支援の現状」『議会と自治体』(No.147、2010年7月)

参考文献

- 佐藤学・木曽功・多田孝志・諏訪哲郎編著『持続可能性の教育』(教育出版、2015年)
- 佐藤洋作「若者を居場所から仕事の世界へ導く社会教育的支援のアプローチ」日本社会教育学会編『日本の社会教育第61集　子ども・若者支援と社会教育』(東洋館出版社、2017年)
- 末富芳編著『子どもの貧困対策と教育支援』(明石書店、2017年)
- 辻浩『現代教育福祉論』(ミネルヴァ書房、2017年)
- 東京都フリースクール等ネットワーク『学びを選ぶ時代』(プチ・レトル、2020年)
- 橋本健二『アンダークラス─新たな下層階級の出現』(筑摩書房、2018年)
- 本田由紀『社会を結びなおす─教育・仕事・家族の連帯へ』(岩波書店、2014年)
- 宮本みち子・佐藤洋作・宮本太郎編著『アンダークラス化する若者たち─生活保障をどう立て直すか─』(明石書店、2021年)

第4章

EUの若者政策 —就労支援と 社会的包摂をめぐる実践と課題

濱田江里子

1. 持続可能な社会と若者

（1）仕事の不安定化と若者の自立

2015年9月の国連総会で、国連に加盟する193全ての国と地域が賛同し、採択した国連決議「持続可能な開発のための2030アジェンダ」の核にあるSDGs（Sustainable Development Goals, 持続可能な開発目標）の推進役として、子どもや若者たちに期待が寄せられる。スウェーデンの環境活動家であるグレタ・トゥンベリの呼びかけに賛同し、始まった草の根活動、未来のための金曜日（Fridays For Future）は、若者がリードする運動が世界的に広がった好例だろう。「さまざまなパートナーシップの経験や資源戦略を基にした、効果的な公的、官民、市民社会のパートナーシップを奨励・推進する」（SDGs17.17）際の主体の一つとして若者を含めることは、SDGsを地に足がついた取り組みとして進めていく上で重要である。

だが、子どもや若者を取り巻く社会・経済的な環境は、必ずしも彼らにとって生きやすいものではない。第3章では日本の子どもや若者の生きづらさを描いたが、子ども・若者の自立を支える社会自体の構造的な変化とその影響は、日本に先駆けヨーロッパ諸国において現れてきた。石油危機以降、特に若者の仕事を通じた社会との結びつきの不安定化が進んできた。それは若者の失業の増加だけでなく、非正規雇用や働いているにも関わらず生活

を維持することができないワーキング・プア、NEET（Not in Education, Employment, or Training）と総称される教育も、仕事も、職業訓練も受けていない無業状態の若者の増加という様相を示している。

　若者に人間らしいまともな仕事を提供することは、若者の自立にとって重要な意味をもつ。これは仕事を通じ、経済的な自立を成し遂げれば良いということに限定した意味ではない。もちろん十分な所得が保障された仕事に就くことは、安定した生活を営み、貧困に陥ることを防ぐ上で不可欠だ。だが、より重要となるのは、働くことを通じ他者とつながり、その先に自己実現や自尊を得られるようにすることにある。人は一人では生きていくことはできず、社会のなかで存在が認められることで尊厳が守られる。そのためには、働きがいがあり、労働者の基本的な権利が守られた仕事、さらには働くことを賃労働に限定せず中間的就労やケアワークにも広げながら、社会との接点をつくっていくことが望まれる。

　「2030年までに、若者や障害者を含む全ての男性及び女性の、完全かつ生産的な雇用及び働きがいのある人間らしい仕事、並びに同一労働同一賃金を達成する」（SDGs8.5）、「公共のサービス、インフラ及び社会保障政策の提供、並びに各国の状況に応じた世帯・家族内における責任分担を通じて、無報酬の育児・介護や家事労働を認識・評価する」（SDGs5.4）、「2020年までに、就労、就学及び職業訓練のいずれも行っていない若者の割合を大幅に減らす」（SDGs8.6）は、SDGsのターゲットとして設定されている。

　本章ではこうしたSDGsの理念を1990年代からヨーロッパの政治的および学問的議論において注目されてきた社会的排除と、その対抗策となる社会的包摂の議論と重ねながら検討していく。貧困を低所得という経済的次元だけでなく、様々な社会関係からの排除、参加の欠如と捉える社会的排除は、社会と個人の関係だけでなく、市民的権利、シティズンシップといった政治的な側面を内包する（バラ・ラベール2005）。こうした視点は若者が社会の

構成員として自立する過程を考える際の示唆となる。

　特にイギリスは1997年にそれまで18年間続いた保守党政権から労働党政権に政権交代した後、新政権は、若者の貧困や不平等を社会的排除として捉え、若者政策を推進してきた。NEETもその時にNot in Education, Employment, or Trainingの頭文字を取ってつくられた言葉である。イギリスのNEET政策は、最も支援の手が届きにくい困難な状況にある若者に対し、早期の段階から様々な関連組織が連携して、問題の解決にあたることを目指してきた。以下では、若者を取り巻く社会構造が変容した背景と新たに登場した社会的なリスクの現状を確認した上で、イギリスにおけるNEET政策を考察し、主体的な社会のつくり手としての若者政策のあり方を検討していく。

2. 若者を取り巻く社会構造の変容

(1) 産業構造の変化と若者の仕事

　それでは現代の若者はどのような社会的、経済的な状況に置かれているのだろうか。まず確認しておくと、国ごとに程度の差はあれ、戦後の福祉国家は男性稼ぎ主の安定した雇用と女性パートナーによるケアの提供を前提に、それを補完する形での現金給付や社会保険を中心に生活を保障する仕組みを発展させてきた。女性（妻）と子どもは男性の扶養家族として生活が保障された。そして戦後から1970年代まで続いた経済成長は、生産性の向上に合わせた労働賃金の上昇を取り入れることで、労働者を活発な購買力を持った新中産階級とし、大量生産と大量消費の好循環を生み出した。持続的な経済成長は、福祉国家を支える財源となっていた。

　こうした状況において、若者に対しては学校を卒業し、安定した仕事に就き、親から独立し、自ら働いて生計を維持し、新しい家族を形成するという

ライフコースが想定された。先進各国の主要産業だった製造業は、男性稼ぎ主に対し長期にわたる安定した雇用と家族を養えるだけの賃金を提供し、福祉国家は製造業に従事する男性稼ぎ主のライフコースを前提に、そこに生じる病気や怪我、失業、老齢といったリスクに対処するためのセーフティ・ネットの設計に力を入れてきた。だが石油危機以降、画一的な耐久消費財が新中産階級に一通り行き渡ると、そうしたモノへの需要は減少し、先進国における主要産業は製造業から情報・サービス業へと移行が進んだ。

　産業構造の転換は1980年代以降、ヨーロッパの若年労働市場に大きな影響を与えた。なぜならば、製造業は義務教育修了段階で就職する若年男性にとり、比較的高い賃金水準と長期的な技能形成が可能な安定した雇用先だったからである。イギリスでは1973年には全労働者に占める製造業従事者の割合は34.7％だったが、2019年には18.1％まで減少している[注1]。代わりに情報・サービス業に従事する労働者は1980年代以降、増加を続け、2019年には80.3％を占めている。

　ところが新たに主要産業となった情報・サービス業は、①金融や経営、IT、技術開発のように専門的な知識と高い技能を必要とする専門技能職、②医療や福祉といった社会サービス、③ファーストフードを始めとする飲食業での接客やスーパーでのレジ打ちのようにマニュアル化された単純労働に分けられる。金融や技術開発といった専門職、高技能職は、生産性が高く、賃金も高水準である。他方、社会サービスや単純労働は労働集約的であり、賃金の抑制や非正規雇用といった経営者が柔軟に雇用を調整できる働き方が多くなる。近年は飲食デリバリーの宅配ドライバーのようなギグワークと呼ばれる、個人が企業や組織に所属せずにインターネットを通じて単発の契約を結びサービスを提供する働き方も拡大している。こうした働き方は個人の隙間時間に自由な働き方ができる一方、サービス提供者は労働者ではなく個人事業主として扱われるため、最低賃金や長時間労働の規制、病気や怪我をし

た際の補償の対象外となっている。その結果、労働市場全体の二極化と不安定化が進み、労働市場に新たに参加する若者の生活に大きな影響を及ぼした。

　伝統的に製造業に従事する労働者が多かったイギリスでは、技能形成は個別企業が徒弟訓練制として実施していたが、製造業の衰退と共にそうした訓練制度の解体も進んだ。代わりに台頭した金融やITといった専門技能職は、知識基盤型経済の台頭という背景のもと、徒弟制度を通じた技能蓄積よりも高等教育修了者を求めた。結果として、従来であれば製造業に就職できていた義務教育修了段階での若年求職者は、技能形成ができない低賃金な不安定職に就くか、不安定職と失業を繰り返しながら公的給付を受給するか、さもなければ無業になるかという選択を迫られるようになった（伊藤2003）。

(2) 新しい社会的リスク

　このようにそれまで典型とされてきたライフコースが非典型化する中で、人びとが直面するリスクにも変化が生じた。学校を卒業後に安定した仕事に就けないこと、非正規の仕事を転々としてキャリア形成ができないこと、ひとり親であること、育児や介護を必要とする家族を抱えることをイギリスの社会政策研究者のP.テイラー＝グービイは、「新しい社会的リスク」と呼ぶ（Taylor-Gooby 2004）。そしてこうした新しい社会的リスクに脆弱なのは、十分な技能を身につけていない者、低学歴層、働く女性（母親）、若年層や移民といった人びとである。

　新しい社会的リスクの特徴は、それがライフコースのなかで誰しもが経験しうる可能性がある点だ。ポスト工業化社会において、学校から仕事への移行期間は長期化している。生活の安定に寄与していた賃金水準の高い仕事は減少し、男性が単独で稼ぎ主となって世帯を支えることが難しくなり、一定の年齢で結婚し家庭を築くことを選択しない、ないしできない人びとが出現し始めた。雇用と家族（親による扶養）によって吸収されていたリスクが吸

収されなくなり、社会保障のセーフティ・ネット、教育、住宅、社会関係といった多次元にわたる領域から排除される可能性が高まるようになった（宮本、佐藤、宮本編2021）。

新しい社会的リスクには普遍性があるものの、誰がリスクに見舞われやすいかには社会階層の差がみられる。欧米14カ国の若者の教育から仕事への移行とグローバル化の関係を検証した実証研究によると、経済のグローバル化の進展は若者全体の不安定性を高めているが、リスクは社会階層の下位に集中している。そして不安定性に晒された若者は、教育機関や同棲関係に長く留まる傾向が高く、結果として家族形成を先延ばしにしている。各国固有の労働市場や福祉制度はこうしたリスクの増大や縮減する機能を有することを指摘した（Blossfeld et. al. 2008）。

こうしたリスク構造のなかで、学校から仕事への移行につまずいた若者は、その後の人生においても多様で複合的なリスクを抱えながら暮らすことを余儀なくされる。新しい社会的リスクは、若者が既存の社会保障制度の隙間に落ちこんでしまい、どこからも支援を受けられない状態に陥るリスクと言い換えることもできる。これは社会的排除と呼ばれる、経済的な困窮だけでなく、教育やスキルを身につける機会の不足、荒廃した家庭環境、地域コミュニティへの参加の制限といった社会関係からの隔絶や社会の諸活動への参加の欠如を意味する（岩田2008）。子どもの貧困が高い水準のまま推移している現状を鑑みると、リスクの萌芽は幼少期から生じていると推測される。さらに今現在、社会的な居場所がないということは、歳をとってからも社会的に存在しないものとして扱われ、社会保障制度から外されてしまう可能性が高まる。その結果、経済的な困窮だけでなく、社会関係を築くことができない社会的な孤立状態に陥る人も増えている。

3. 複合的なリスクと無業の若者

　石油危機以降、ヨーロッパでは若年失業が社会問題化していたが、1990年代に入ると不就業ないしは若年無業に対する危機感が高まった。2010年のOECD報告書「Off to a Good Start? Jobs for Youth」は、学校教育から安定した仕事への移行に困難を抱える若者には、①取り残された若者と、②うまく入り込めない若者の2つの集団が存在することを指摘した。取り残された若者とは、後期中等教育を受けていない者や移民二世といった複合的な不利が重なっている若者であり、その中核はNEETと呼ばれる無業の若者たちである。うまく入り込めない若者とは、後期中等教育は修了しているものの、安定した雇用を得ることが難しく、一時的な仕事と失業と無業を行き来するような若者たちである[注2]。

　こうしたなか、無業の若者の総称として1990年代後半より用いられるようになったのがNEETという言葉であり、「ニート」は日本語でも2000年代初頭より人口に膾炙されるようになっている。だが、その定義はOECDの報告書、そもそもの言葉を生み出したイギリス、イギリスから輸入した日本でやや異なる。OECD報告書における「NEETs」の定義は、「15〜29歳のうち、仕事にも、教育にも、職業訓練にも就いていない者」である[注3]。その中で積極的に求職活動を行なっている者は「失業（unemployed）」、求職活動を行なっていない者は「非活動（inactive）」と区分されている。

　これに対し、NEETという言葉を生み出したイギリスでの定義は、「義務教育終了直後の16〜18歳のうち、進学も、就職も、職業訓練にも参加していない者」である。イギリスの定義では求職中の失業者もNEETに含まれる。16歳から18歳という年齢設定になっている理由は、イギリスにおいて義務教育が終了する16歳という年齢は、これまでの家庭や学校における困難の積み重ねが表出すると同時に、今後の人生を左右する分岐点であり、イギリス

の成人年齢である18歳まで適切な支援を講じる点を重視したからである^{注4}。なお、2010年に労働党から保守党・自由民主党へ政権交代がなされて以降は、年齢幅が引き上げられ、「16歳から24歳のうち進学も、就職も、職業訓練にも参加していない者」となっている。

　日本の「ニート」は「15～34歳の非労働力人口のうち、家事も通学もしていない者」を指す。OECD、イギリスの定義と異なり、日本のニートの定義からは、求職活動中の失業者と専業主婦は除かれた。その結果、日本における「ニート」には、働く意欲、生きる力に欠ける若者という社会的なイメージが付きまとうことになった。

　次にNEET状態の若者について、OECD報告書「Society at a Glance 2016：A spotlight on youth」に沿って見ていきたい。各国においてどのくらいの若者が失業と非活動の状況にいるのかを表したのが**図4-1**である。OECD加盟国において、若年（15歳～29歳）人口に占める失業と非活動の平均値は13.4%であり、内訳をみると積極的に求職活動を行なっている失業者よりも、行なっていない若者の方が多い。

図4-1　15～29歳人口のうちNEETs（失業者と非労働力人口）が占める割合（2017年）

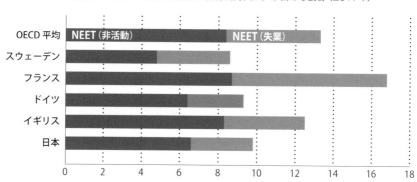

注：日本は2014年の値
出典：OECD（2019）*Society at a Glance 2019*より作成

若年労働市場は景気変動の影響を受けやすいと言われるが、これは求職中の若者に関しては当てはまるが、非活動状態の若者に関してはそうとも言えない。1997年から2014年までのNEETsのOECD平均値の推移をみると、求職活動を行なっている失業者は2008年のリーマンショック後の不況期に増加しており、経済状況に左右されている様子がうかがえる。他方、求職活動を行なっていない非労働力化している層は経済状況とは無関係に微減傾向にある。つまりNEETs問題は景気変動よりも構造的に生じている問題であり、景気浮揚策では解決せず、対象となるターゲットのニーズを明確にした上で対応を講じる必要があると考えられる[注5]。

　教育と仕事の関係からNEETの状況をみてみると、仕事をしながら教育も受けている若者が多い国ほど、NEET状態の若者が少ない傾向にある。オランダやスイスといった国では在学中の若者の半数以上が仕事もしている。他方、NEET状態の若者が多いギリシャやイタリア、スペイン、ポルトガルといった国では、20人に1人ほどの割合になる。

　次に教育歴との関係でみると、学歴が低い者ほどNEET化している様子が窺える。大学レベルの高等教育を受けた者と比べて、前期中等教育修了者では3倍、後期中等教育修了者では1.5倍程度、NEETとなっている割合が高い。また読み書きや計算といった一般的な学力以外の非認知能力も学校卒業後に安定した仕事をみつけ、生活を営むに必要な賃金を得る上で重要であることが示唆されている。

　またNEET化するリスクにはジェンダーによる差異も見られる。15歳から29歳に占めるNEETの割合は、OECD平均値で女性の方が男性の1.4倍高い。その理由としては、子育てをはじめとするケア責任が挙げられる。男性の3割近くが病気や障害をNEETでいることの理由として挙げているのに対し、半数以上の女性がNEET状態にある理由としてケアや家族責任を挙げている。15歳から19歳では男女のNEET率に大きな違いが見られない一方で、

25歳から29歳では女性のNEET率は、同年代の男性よりも11ポイント高く25％となっている。そしてそのうち、求職活動を行なっていない非活動状態のNEET女性は、男性の3倍となっている。こうした状況から性別役割的な規範がNEETのジェンダー差に表出していると考えられる。

4. 若者政策の射程

（1）EUにおける若者政策の変遷

こうした状況に対し、若者が成人期に向けて歩む過程を見守り、大人としての地位の獲得を支えることを目的とした若者政策が登場した。EUは2000年にリスボン戦略と呼ばれる包括的な経済・社会戦略を打ち出し、その中で知識基盤型経済への移行とIT技術関連の整備、人的資本への投資、社会的排除との闘いが新たなヨーロッパ社会モデルを構築する上で不可欠だとした[注6]。

2001年には欧州委員会が『EU若者白書』を公表し、若者の積極的シティズンシップ、若者の経験分野を拡大し認識を広げること、若者の自律を促すことの3つを目標として定めた。2005年には欧州若年者協定が締結され、ヨーロッパの若者の教育、訓練、労働移動、職業統合、社会的包摂に関する状況を改善し、仕事と家庭の両立の実現を目指すことを謳った。欧州理事会は、協定を成功させるためには若年者関係の団体と若年者自身の関与が必要であり、協定を実行する方策の発展に向けた協議を加盟国に推進した。さらに2009年には、2010年から2018年の青少年分野における欧州の協力についての新たな枠組みとして、「EU青少年戦略2010-2018」を発表し、教育と労働市場において全ての若者に対しより平等な機会の提供と、全ての若者が能動的に社会に参加することを目的に掲げた。そして2018年にはこれを継続し、発展させたものとして「EU青少年戦略2019-2027」を発表し、そ

こでは参加、つながり、エンパワーをキーワードに民主主義と社会参加に能動的に関与する市民としての若者の育成が目標に据えられた。

このようにEUの若者政策は、①グローバル化と少子化が進む中での将来的な社会の担い手を育てること、②悪化する若年労働市場によって社会から排除される若者の増加を防止すること、③若者のシティズンシップの強化に力点を置いて展開してきた（宮本2012）。若者の雇用の不安定化は労働市場からの排除としてだけでなく、若者のシティズンシップの問題と重なりながら論じられた。無業や社会的排除状態にある若者は、雇用を通じて社会的な地位を得ることができず、それは職業的な自立や仕事を通じた社会保障へのアクセスが出来なくなるというだけでなく、社会の一員として意思決定に参加できないという問題を内包すると捉えられた。こうした状況に対抗するため若者を意思決定のプロセスに参加させること、積極的シティズンシップを打ち出し、権利の主体としてだけでなく、社会参画する主体としてのシティズンシップが重視されるようになった。教育や労働の問題としてだけでなく、社会の民主主義に対する若者の影響力を高めるための方策が模索されている。

(2) イギリスの若者政策の変遷

1997年に発足したトニー・ブレア率いるイギリスの労働党政権は、ブレアが党首に就いた1994年から、その系譜に連なるシンクタンクと共に保守党政権時代に拡大した貧困や不平等の現状を社会的排除と捉え、それを克服するための政策として社会的包摂を打ち出した。イギリスでは社会的排除は、雇用、教育、福祉、治安をはじめとする政策領域横断的で総合的な取り組みによって乗り越えられるべきという考え方に依拠する。そのためブレア労働党政権は政権発足後、1997年12月に社会的排除ユニットを立ち上げ、社会的排除の克服と社会的包摂に向けた取り組みに着手した。そこで実施さ

れた大規模調査からは、若者が社会的に脆弱な状況に置かれていること、特に義務教育を終了した後に進路が決まっていない者が多数いることが「発見」された。

　2001年に始まったコネクションズ・サービスは、NEET対策として複合的な困難をもつ13歳から19歳の若者を対象に、自立に向けた生活支援を進路決定、仕事、健康、お金、人間関係、住まい、権利、余暇といった観点から包括的に行うことを目的とした。目標には19歳までに学業または職業に関する資格を取得すること、基本的な対人コミュニケーション力を獲得することを据えた。義務教育在学中からの支援を行うことで、卒業後も若者との接点の構築と維持を目指した。地域の若者の情報や記録は、共通の情報システムで管理され、関係機関を通じて個々の若者の情報を学校段階から継続的に収集し、関係諸機関で共有する仕組みがつくられた。そうすることで様々な理由により将来の社会的排除リスクの高い若者を早期から包括的に支援しようと試みた。

　包括的な支援を行う上でコネクションズ・サービスでは、若者が抱える複合的な問題への相談や援助に対応するにあたり、分野横断的な支援体制と専門職の確立を理念とした。まず組織の連携として、中央政府、地方政府、自治体、学校、警察の公共機関とボランティア団体やNPO、地域の支援機関で構成されるパートナーシップによる運営がなされた。そして、担い手としてパーソナル・アドバイザー（PA）と呼ばれる専門職員を学校や支援窓口に配置した。PAは学校内ではキャリア・カイダンスを行い、学校外ではNPOなどと連携し、若者は1人のPAを通じて必要な支援が全て受けられるよう制度設計がなされた（井上2019）。

　社会的排除の克服は労働党政権の目玉政策の一つだったが、そこで始まった取り組みは2010年に保守党と自由民主党の連立政権に政権交代した後も引き継がれた。その理由としては、13年にわたる労働党政権下での取り組

みの成果が必ずしも芳しくなかったことが挙げられる。だが同時に、連立政権は大規模な緊縮財政を打ち出し、その影響はNEET政策にも及んだ。特に労働党政権の分権化推進の影響もあり、連立政権発足後は国レベルでのコネクションズへの補助金は打ち切られ、地方政府の取り組みとして進められるようになった。その結果、財政的に余裕のある地域とそうでないところでのサービス内容に格差がみられるようになった。

　また、労働党政権は教育を政策の最優先課題に掲げて総選挙に勝利し、コミュニティや参加を強調したシティズンシップ教育の必修化に向けた動きを展開した。1998年の政府答申「学校における民主主義とシティズンシップ教育」、通称クリック・レポートと呼ばれる報告書では、民主的な社会を構築するための行動的なシティズンシップの重要性を強調した。シティズンシップ教育の要素として、社会的・道義的責任、コミュニティへの参加、政治的リテラシーの涵養の3点が含まれた。労働者や未来の納税者という視点だけでなく、市民社会や公共活動の担い手を育成するという視点が含まれるものであった。他方、若者の労働をめぐる状況の深刻化は、シティズンシップのなかでも「働く義務」の強調に傾く形で影響を与えている。

5. 若者のエンパワーメントに向けた　対抗戦略の道筋

　本章では若者を取り巻く経済、社会的な構造、とりわけ仕事をめぐる世界の変容を考察し、若者が直面する社会的なリスクが複合化していることと、そうした状態へのEU、イギリスでの対応策を概観した。社会的な排除を克服し、若者が社会の完全な構成員になるためには、若者が支援の一方的な受容者、客体に位置づけられるのではなく、主体として自らの生活や社会の意

思決定に参画できるような仕組みをつくることが重要となる。SDGsの理念である「だれ一人取り残さない」(Leave No One Behind) ためには、子どもや若者が将来の労働者や納税者としてだけでなく、個人として社会的なつながりを築き、そのなかで自らの存在が認められ、尊厳が守られることが不可欠である。そのためには、教育から仕事への円滑な移行、人間らしく働ける職場、生活を保障する仕組みをつくり出さなければならない。社会の主体的なつくり手として、若者が試行錯誤できる共生の場やそうした過程を支える取り組みが必要とされるのではないか。

| 注 | **1** https://www.themanufacturer.com/uk-manufacturing-statistics/ |

2 OECD (2010) Off to a Good Start? Jobs for Youth, Paris: OECD Publishing.

3 OECD (2016) Society at a Glance 2016: OECD Social Indicators, OECD Publishing, Paris, https://doi.org/10.787/9789264261488-en.

4 Social Exclusion Unit (1999) Bridging the Gap: New Opportunities for 16-18 Year Olds Not in Education, Employment Or Training, http://dera.ioe.ac.uk/15119/2/bridging-the-gap.pdf.

5 OECD（2016）Society at a Glance 2016: OECD Social Indicators, OECD Publishing, Paris, https://doi.org/10.787/9789264261488-en.

6 European Commission（2000）Presidency Conclusions, Lisbon European Council, 23-24 March. SN 100/00.

参考文献

- バラ、アジット、フレデリック・ラベール（福原宏幸・中村健吾監訳）『グローバル化と社会的排除──貧困と社会問題への新しいアプローチ』(昭和堂、2005年)

- 伊藤太一「ブレア政権による若年雇用政策の展開──若年失業者をめぐる国際的な議論との関連で」『立命館経済学』第52巻3号（立命館大学経済学会、2003年)

- 井上慧真『若者支援の日英比較──社会関係資本の観点から』(晃洋書房、2019年)

- 岩田正美『社会的排除──参加の欠如・不確かな帰属』(有斐閣、2008年)

- 宮本みち子「成人期への移行モデルの転換と若者政策」『人口問題研究』第68号1巻（国立社会保障・人口問題研究所、2012年)

- 宮本みち子・佐藤洋作・宮本太郎編『アンダークラス化する若者たち──生活保障をどう立て直すか』(明石書店、2021年)

- Taylor-Gooby, Peter (2004) "New Risks and Social Change," In *New Risks, New Welfare: The Transformation of the European Welfare State,* edited by Peter Taylor-Gooby, Oxford: Oxford University Press.

115

第5章

未来を拓くための学び
―アジアの子ども・若者たちの抱える困難と多様な学びの保障

大橋知穂

1. 若者が夢を追いづらくなった

　牛飼いの青年は言った。「夢なんてない。持ちたくない。かなわないとわかっているのに、夢を持ったらつらくなるだけだ」

　パキスタン、シンド州の田舎で出会った15歳の青年は、小学校の途中で中退して、家の牛の世話をしていた。「将来はどんな夢があるか」という通り一遍な私の質問に、目を合わせることもなくそう答えた。小学校に入りなおすには年齢が過ぎてしまっている、学校に行っていなければ就労の機会も、職業訓練の機会も阻まれる。その当たり前の現実に彼は当たり前に答えた。「夢を持つのはつらいことだ」と。

　「世界人口白書」(2014) によると、世界全人口の四分の一にあたる18億人が「若者」(ここでは10―24歳) であり、その数は人類史上最も多いと言われる。そのうちの9割近くがいわゆる「開発途上国」と言われる地域に住んでいる。特にアジアは、国の総人口の26%、3.7億人の若者を有するインドを筆頭に、中国、インドネシア、パキスタンが若者層人口の多い上位5か国に入る[注1]。若者が多くエネルギーにあふれる社会は、一般的に見れば未来への社会投資の基盤があるとして期待が大きいはずだが、現実にはそうではない。18億人に膨れ上がった世界の若者の将来を保証する体制を国際社会は確

立しておらず、人権が保障され、医療制度と教育を受ける機会が整っている社会にはなっていないからだ。また、若者人口の割合が高い国は、国内紛争発生率が高いという結果も同白書は示している。教育を受ける機会がなく、安定した仕事にも恵まれず、将来どころか現在の生計をやりくりするので精いっぱいの若者たちの失望感や生きづらさは、途上国であろうと、欧米、日本であろうと変わりはない。

　本章では、近年の国際教育協力の傾向を概観しつつ、そのしわ寄せの多くが若者層の学習や就業の機会の損失につながっている現状と課題を明らかにする。そして、アジア地域や特にパキスタンのノンフォーマル教育・オルタナティブ教育の事例をあげつつ、脆弱な環境にある子どもや若者が直面する困難に立ち向かうのに必要な学びとは何か、またそれを可能にするシステムや制度とは何かを考える。

2. 開発における教育援助の変遷
―未来を自ら造る学びか、あるいは 作られた未来に適応するための学びか

(1) 国際教育協力の世界的な合意（1990年代～2000年代）

　1980年代の経済危機に伴う貧困と格差が各国で広がり、世界人口が大幅に増加する中、小学校の学齢児童の就学率は低迷し、教育の質も大きく低下した（小川他, 2005）。この是正を目的にタイのジョムティエンで開催された「万人のための教育世界会議」では、基礎教育の普及をテーマとし、各国代表や国連、市民社会の代表が一堂に会した。ここで合意されたのが'Education for All'（「万人のための教育」以下EFA）であり、これが今日の国際協力における教育の方向性を形作っている。2000年に

は「EFA—ダカール行動枠組み」が、①就学前教育の拡充、②無償義務初等教育の普遍化、③青年や成人の学習ニーズに応じた教育機会の保障、④成人識字率50%改善、⑤教育のジェンダー平等、⑥教育の質の改善の6つの目標とともに策定された。

　この中で、援助機関及び各国政府が重点的に実施したのが②の義務初等教育の拡充であった。その成果として、小学校に通う学齢期にありながら就学していない子どもの数は1990年には1億6千万人であったが、2012年には半減している。一方で、③の青年や成人の学習ニーズに合った教育機会や、④成人識字率改善と基礎教育への公平なアクセスの保障などは、明確な指標を含む戦略を作れぬままほとんど改善が見られなかった。例えば、前期中等教育までを含めた世界の不就学児童・若者（5-17歳）は3億300万人で（UN,2018）、この世代の5人に一人にあたる。前期中等教育の中退率が減少しない中、多くの若者が義務教育である中学校レベルの卒業歴を持たず、結果的にその後の進学や就業時の選択肢が著しく制限される状況に追い込まれている。

(2)「学習の危機」—学校に行っていても学べない（2010年代〜）

　こうした中、2010年代になると、教育における新たな問題が浮上してくる。学校教育からの中退者の数は、2008年あたりから減少せずに横ばい状態で、近年では微増の傾向もみられる。家庭の経済的貧困や、地域の文化社会的な理由、あるいは学校の設備や教師、教育内容の質などの問題から、かなりの数の子どもたちが一度も学校に行っておらず、仮に入学しても一定数が中退していく。その中には、学校教育に魅力を感じなかったり、いじめや体罰などから自らの意思で立ち去る子ども・若者も少なくない。グローバル化が進み、より多様化するニーズに画一的な学校教育だけでは対応しきれなくなってきているとも言えよう。

　さらに「学習の危機」と呼ばれる現象が近年問題視されている。学校には

通っているのに、学んでいない子ども・若者が世界的に顕在化しているのだ。具体的には、小学校卒業時に2－3年生レベルで習得すべき基礎識字・計算能力を身に付けていない、例えば卒業時（小学校5－6年生）でも母語で物語を読めない、2桁の割り算ができない子どもがサハラ以南のアフリカや南アジアでは、全体の4割から5割に上る。これらの基礎能力を持たないと、その後の人生の様々な問題に立ち向かうのに大きな障害となりかねない。

（3）様々な困難に立ち向かうための学びとエンパワメント

　アマルティア・センは、読み書き、計算能力がなく、自分の考えや思いの意思伝達がきちんとできないことは、経済社会面において大変な「困窮（欠乏）状態」にあり、生きる上で必要なものがすでに欠乏しているのに、さらにその運命を回避できずリスクにさらされ続けることだとしている。だからこそ、識字と基礎教育の普及は、脆弱な環境に置かれた人々が自ら問題に取り組み解決方法を見出すことを後押しするとセンは述べている。グローバル化や気候変動が進み、個人やコミュニティではどうにもならない原因で日常や安全が脅かされていることがより頻繁に、より多角的に起きている。コロナパンデミックによる世界的な危機は記憶に新しく、そのほかにも洪水・地震などの天災、そして紛争などもそれにあたる。アフガニスタンの政変は、それまで20年かけて変革してきた社会や教育の中身も一気に変えてしまった。また、日常においても、貧しさが原因で、病院にかかるのを躊躇し悪化させたり、DVの被害者となることもある。「人間の安全保障」では、非日常的な大きな脅威（暴力を伴う紛争、広域感染症、大規模な自然災害、経済的ショックなど）と日常生活の中に埋め込まれた脅威（慢性的疾患・病気、事故、日常的暴力、社会的差別、不健康・不衛生な生活環境、老齢、天候不順による不作など）の2つの脅威に、脆弱層は常にさらされていると指摘する。学習機会を逃してしまった若者は、まさにこうしたリスクを予防し、あ

るいは対応していく能力が足りなかったり、あるいは、実際は内在的にその力を持っているのにも関わらず、学歴がなく、社会に受け入れられないことで、「自分にはできない」と躊躇しあきらめてしまう。命と生活を脅かすリスクから身を守るためには、自分たちで生きづらさや困難に対処し、本来持っている能力を開花させるエンパワメントの取り組みが重要で、脆弱層の学びにはこうした生活との関連性（relevance）が不可欠である。

(4) 問い直される「教育」の意味—学校に行くことがゴールではない

　このような基礎教育の学び直しが必要な子ども・若者には、マルチなアプローチと、現実社会の多様なニーズに資する学びの普及が必要である。世界銀行（2011）の「教育セクター戦略2020」では、中所得国の急増により「若年層過多」と「都市部への集中」が顕著となる一方で、ICTなどの新しい技術の目覚ましい進歩により、労働市場の求める職種内容やスキルの変化を遂げているのに対し、公教育がこうした社会の変化やニーズに対応しきれていないことを懸念しているが、10年後の2021年にはその状況が現実のものとなっている。学ぶ機会がなく学歴を持たないがために、就業などの機会からも疎外される若者や、高等教育を受けていても、就業機会に恵まれない若者が、低中所得国を中心に爆発的に増えているのだ。同戦略では、この変化に対し、「成長、開発、貧困削減のいずれにとっても、学校教育を何年受けたかではなく、獲得した知識やスキルが重要」であり、より「学習」に焦点を当てる教育戦略が国際教育協力でも必要であるとしている。

　また、「EFAモニタリングレポート」（ユネスコ2012）では、「教育と若者の就業」を特集として取り上げ、「すべての子どもを学校に行けるようにすることだけが教育の役目ではない。教育とは人がディーセントワーク（働き甲斐のある人間らしい仕事）を通して生計を立て、コミュニティや社会に貢献し、潜在的に持っている可能性を発揮できるようにすることであり、それ

によって各国がグローバル経済の中で成長するのに必要な労働力を確保することができる」と述べている。同報告書では、若者に必要なスキルとして、①基礎スキル（Foundation Skill）－読み書き計算など初等・中等教育で形成されるもの、②移転可能な汎用性の高いスキル（Transferable Skill）－問題解決力、情報伝達力、リーダーシップなど場面が変わってもそれに対応して対処できる力、と③職業・技術スキル（Technical & Vocational Skill）－仕事に関する専門知識と技術の3つのスキルについて議論している。ここで興味深いのは、年齢と学年が一致し、いわゆる階段式で教育を積み上げていく学校教育の場合は、基礎スキルを小中学校で優先的に習得し、その後汎用性の高い移転可能なスキルや職業訓練を中高等教育以降の段階で身に着けるデザインであるのに対し、学校に行っていない、あるいは中退してしまった子どもや若者が「セカンドチャンス」で学ぶ場合は、必ずしも知識を習得してから応用に進む階段式である必要はなく、職業や汎用性の高いスキルは、むしろ職場などの場で同時に習得するほうが効率的としている点だ。

　しかしマルチで柔軟な選択肢を増やすことだけでは十分ではなく、それを学校教育と同等の能力であるとする承認制度（イクイバレンシー制度）などを公的に制度化する必要がある。また、中退した若者などは早く教育や技術を習得して次のステップに進みたいので、短期間で、かつ生活に役に立つ初等・中等教育を必要とする。マルチな選択肢は増えつつも、多くの国では相変わらず学校教育の中身は形骸化していて生活や職業との関連性が希薄であり、それが中退者を増やすことに繋がっている。ゆえに、アジア各国では、中学レベルで、職業訓練やライフスキルと呼ばれる生活に実際役立つスキルを習得し、かつ従来の学校教育と同等の単位として認めていくかを試行錯誤されてきた。

3. ノンフォーマル教育・オルタナティブ教育に よる若者の学習機会の保障と社会的認証の促進

（1）学習歴を認定する「イクイバレンシー」制度の普及

　近代の学校システムは、体系だったカリキュラムに基づき、登校時間、時間割があらかじめ定められ、それに学ぶ側が合わせざるを得ないのに対し、ノンフォーマル教育では学習者の事情に応え、柔軟に学べる機会を提供できるのが特長だった。一方で、多様性を重視するあまり、学習歴の社会的承認や認証制度では後塵を拝してきたし、質量ともに劣っていることから二流の教育とみなされ、国際協力では投資効果が低いとされてきた。しかし、アジアでは2000年代からEFAを加速するために、各国で多様な学習歴の認証を学校教育と同等に認証する制度化が進められてきた。

　日本では、病気など何らかの事情で中学校を卒業できなかった人が卒業資格を持つためには、「中学校卒業程度認定試験」（略称中卒認定）を受けるか、夜間中学校に通う必要がある。ただし、公設の夜間中学は全国に12都府県36校と絶対的に不足し、また中学認定試験を受けるための学習機会も自主夜間中学などに限定されている。また、不登校などで実際に小中学校に通わなかったが、卒業証書は授与された人たちが、はたして小中学校レベルの基礎教育能力を持っているかどうかもきちんと把握されてこなかった。

　アジアでは各国の教育政策の枠組みの中で、「ノンフォーマル教育」などを通した柔軟な教育が提供され様々な学習歴の認証制度が普及してきている。異なる特性や内容を持つノンフォーマル教育の学びを尊重しつつ、学校教育とのイクイバレンシー制度（同等性）が確立され、それに基づいた「学び直し」の機会が提供され、政府が卒業を承認する土台ができているのだ。

　例えばインドネシアでは、中学までの9年間を義務教育とし、すべての国民が教育を受ける権利を法律で保障しているが、その方法は①フォーマル教

育（正規の学校教育による初等・中等教育）、②ノンフォーマル教育（不就学児童や成人非識字者の初等・中等教育を推進する学習プログラム）、③インフォーマル教育（家庭で行う教育・ホームスクーリング）から選択して習得することができる。そして、その3つは同等のものとして社会的に承認されており、小学校から高校レベルまで互換性があるので、フォーマルな学校教育からノンフォーマル教育、インフォーマル教育に移行することも、その逆も可能である。2008年に双方向の互換性が担保されると、中退した若者の意欲を駆り立てたと言われ、就職や転職に必要となる高校卒業資格を取るためノンフォーマル教育のコースの希望者が増加した。ノンフォーマル教育では、学べる場所も公立学校、コミュニティ学習センター、マドラサ（イスラム教の宗教学校）など場や時間の選択肢も広い。

　こうして、学校とノンフォーマル教育間のイクイバレンシー（同等性）だけでなく、宗教学校や職業訓練等とのイクイバレンシーも確立されることにより、マルチな場で基礎教育を学習者の多様な価値観やニーズにこたえうる教育制度として提供することに成功している。更に、③のインフォーマル教育も一つの選択肢として、オンラインや教材の提供を活用して親が教えたり、近所の数人が協力しあって授業を行っている。コロナ禍でインドネシアでは学校教育が長期間停止していたが、インフォーマル教育のチャンネルを通しての学びは滞ることはなかったという。また、コロナ禍の前からノンフォーマル教育でも積極的にオンラインの活用を推進していたので、様々な困難はともないつつもICTを活用しての教育へのハードルはノンフォーマル教育においても比較的低かった。

　現在インドネシア、フィリピン、タイなどを筆頭にアジア十数か国でイクイバレンシー制度が実施されている。学校教育のカリキュラムにより沿ったインドネシアのものや、より柔軟性を生かしたフィリピンのものなどアプローチは様々だが、どれもライフスキルなどの生活力により注力をし、短期

間で学べるカリキュラムになっていることが特徴的だ。

　無論、学校教育のカリキュラムと同等性を確保する過程で、ノンフォーマル教育の持つ柔軟性が失われ、より画一化する懸念もある。一方で、そのプロセスの中で学校教育関係者の中に、ノンフォーマル教育的なより柔軟で、インタラクティブな教授法が浸透する可能性もある。

（2）すでに習得している学びとスキルを認証する取り組み
―RPL（Recognition of Prior Learning）

　富裕層に比べ貧困層の学習へのアクセスは4分の一と圧倒的に低いため、すぐに収入に結びつくスキルとして、職業訓練への期待は大きい。しかし、そこにも大きな問題がある。ILO（2020）によると、若者（15-24歳）の世界平均失業率はすでに13.6％（2019年）で、AIなどのオートメーション化が進む中、職を失う危険度は若者のほうが年長の労働者より高く、さらに職業訓練で学べる各職業固有の技能は、一般教育で得られる技能より早く陳腐化する傾向にあることから、職業訓練の受講者はより脆弱な立場にあるとしている。

　また、途上国では、高校進学率はわずか29％、職業訓練系はそのうちの5％でしかなく、狭き門だ。中退した若者の多くは、インフォーマルセクターと言われる非正規で働き、そこでスキルを身に付けているが、得た知識やスキルや就業経験は、多くの場合社会的な認証資格とならない。つまり学校の卒業歴がなければ、その後のスキルアップや別の選択肢の機会も狭められてしまう。そこで、個人が今までに得た研修や、仕事あるいは様々な経験を通して得た知識やスキルへの承認を促進する「Recognition of Prior Learning ―RPL」などが近年注目を浴び、ILOやユネスコ、EUなどが、認証制度の仕組みづくりと、その制度化を各国で推進している。

　ヨーロッパなどでは、高等教育、特に職業訓練系への入学の門戸を広げる政策・制度として、ノンフォーマル学習・インフォーマル学習による従前の

学習の承認が浸透している。一方で、途上国では、後期中等教育と職業訓練教育を中心にRPLの政策や実施が行われることが多い。国ごとに8-10段階の国家認定資格（NQF）の枠組みがあり、学校教育とも比較しつつ職業等のスキルレベルを認定するもので、1が初等教育、8が大学院レベルという具合である。しかし、国民の約4割が非識字者であるパキスタンなどでは、レベル1にも達していない人たちが多く、レベル0＝職業訓練前スキル（Pre-vocational）が設定されている。更に、パキスタンでは、これをリテラシー（識字）のコンピテンシー・スキル認定にも役立てていこうという動きがある。例えば、小学校を中退し、卒業資格を持っていないが、基礎的な読み書き計算ができ、仕事への応用もしている人たち、あるいはスマートフォンを使いたくて独学で勉強したいわゆる「機能的識字能力」を持った人たちが、「識字者」として認定されていない。経済的も自立して忙しく、すでに能力を持っている人たちは、わざわざ識字教室に通い識字者の認定資格を取る必要を感じないのだが、結果として彼らの職業訓練や継続教育へのステップが閉ざされているままの現状を改善する策が必要になっている。

　このように政府や国際社会が多様な学習やスキルの同等性を保証する制度を構築することにより、脆弱な立場にある若者たちの保護機能を拡充するとともに、個々の学習者にとって日々の生活に役立ち、かつ応用できる学習を提供することは、その後の人生で彼ら、彼女らが積極的に社会に参画していくうえで重要になってくる。次節では、パキスタンのノンフォーマル教育・オルタナティブ教育の事例を通して、学びの保証・承認する制度や仕組みづくりの重要性と、そこで学んだ若者たちや周辺にどのような変容が現れるのかについて検証する。

4. パキスタン―東京の人口の2倍の子どもが学校に行っていない国での挑戦

（1）あきらめを制度で救う

　南アジアに位置するパキスタンは、インダス文明の発祥の地であり昔から東西文化の交通の要所となっている。ゆえに、多民族、多言語の人口約2億人を抱える国であるが、識字率は長年60％程度にとどまり、不就学児童が2,280万人と世界で2番目に多いなど、教育は深刻な危機に瀕している。さらに不就学児童のうち、実にその78％が10-16歳の若者であり、小学校の対象年齢が5－9歳であるパキスタンでは、公的な学校教育の制度の中では多くの若者たちの学習を担保できない状況にある。さらに、学校に行っていても基本的な読み書きや計算能力がない「学習の危機」に直面している子どもや若者が40％前後いると言われ、彼らは中退予備軍でもある。国の平均年齢が22-23歳と若い人の多いパキスタンは6,500万の若者（10-24歳）を有し、毎年120万が新たに「若者」と言われる年齢に突入するだけに、若者たちがどのように学び、その後どう活躍できるかに、この国の将来はかかっている。

　この状況にありながら、対GDP比に占めるパキスタンの教育予算はこの十年2％前後と他の南アジア諸国に比べても低水準にある。さらに、識字率は毎年1％前後の増加であるのに対し、人口の増加率は2％であり、非識字者も減っていない。この深刻な教育の危機を打破するには、本来の学校教育とともに多様なステークホルダーによる柔軟な学習機会の提供と、その学習歴を承認する制度化が鍵になる。筆者は国際協力機構（JICA）専門家として、ノンフォーマル教育・オルタナティブ教育（以下NFE・ALP）[注2]のアプローチからこの問題に取り組んできた。徐々にではあるが、パキスタンでも政策やイクイバレンシー制度の構築とともに、短期間で学べるカリキュラム

や学習法、ライフスキルや収入向上・職業訓練と連動したコースの設置が承認され、不就学児童や若者が学ぶ機会も拡充しつつある。しかし政策や制度が整っても、それを実施に移すための予算や人員等の確保が必要であり、そのためには、「新しい」あるいは「多様な」アプローチへの関係者の共感と、学校と同等であるという社会的な受容も重要な要素となる。

　本来ノンフォーマル教育は柔軟で学習者の側に立ったアプローチであり、これを活用しなければ、定型の学校教育プロセスから一度でも逸脱した若者に学びやスキルを提供する機会は非常に限られてしまう。しかし、「教育」の分野で新しいアプローチを導入することへの反発は当初は大きかった。基礎教育へのアクセスと質の向上に反対する人はいないが、「学校教育とはちょっと違うアプローチ」には、とたんに「それは正規のものなのか」という拒否反応が出る。特に子どもを主たる対象にする「基礎教育」では、「正しいアプローチを」という考え方が根強い。社会経済的に脆弱な子どもや若者の学びであるからこそ、正当性はむろん重要であるが、この「正しさ」、正解がたった一つの方法—学校教育でなくてもいいはずである。

(2) 学びへのアクセスを通して開花するパキスタンの若者の自己肯定感

　小学校を中退して働いている青年たち、一度も学校に行ったことがない十代の女性たち、パキスタンのノンフォーマル教育の教室には多くの若者たちがやってくる。彼ら、彼女たちが小さい時に学べなかった理由は様々だ。近くの小学校に先生が来なくなりある時から学校自体が閉まってしまった。親が小さい時に急逝し、牛乳配達で家計を助けるため学校をやめた。サッカーが楽しくてつまらない学校に行かなくなってしまった。綿花の収穫時期は家族総出で働くので、2カ月くらい行かなかったら授業についていけなくなった。生まれつき足が不自由なので、学校に通うのは難しかった。女のくせに背が高いとからかわれて学校行くのをやめてしまった。お父さんが女子に教

育はいらないと反対された。家に制服やノートを買うお金がなかった。お父さんが季節労働者で、各地を転々とするうちに学校をやめてしまった。難民キャンプには学校がなかった。先生が授業で使う言葉と家で使う言葉が違っていてわからなくなった。洪水で避難してから、お父さんの仕事もなくなり勉強どころじゃない。

　一般的に不就学児童、中退してしまった若者とひとくくりにしいがちであるが、一人ひとりにストーリーがあり、中退の原因は多種多様である。しかし、学びたいという意欲と、学んだことで生じる個々人の変化はほぼ同じと言っていい。NFE・ALPの教室に通う10代から20代前半の若者たちに「学んでよかったこと」を聞くと、表現の仕方の違いはあるにしてもほぼ全員が「自信がついた」ことを挙げる。むろん卒業・修了証やテストやアセスメントの結果で、可視化された「できる」を通して、さらなる勉強への意欲や好奇心を持てるようにもなる。一方で、周りの他者からの承認や称賛が、彼ら・彼女らに自信を持たせ、意欲を引き出すきっかけとなることも多い。

事例①　身近な人たちの「承認」の重要性：パキスタンは、アジアの他の国同様父系性の血縁関係を大切にする社会であり、父親からの承認が、若者たちの自己肯定感を強化するともいわれる。実際、「家族みんなが非識字者で電気料金の請求書がわからず、いつもお隣に聞かなければいけなかったが、今は娘が読んでくれるので、もう恥をかかなくてすむ」とか「娘の目上の人への言葉遣いが良くなって、鼻高々だ」など、ごく日常的なしかし目に見える変化に父親が娘の存在と能力を承認し、それによって娘たち自身も自分を肯定していく。また、リテラシー能力をつけた女性たちが、家庭の中で自分の存在を肯定し、より積極的な動きをしていくことも多い。例えば、10歳からALPに通いだした13歳の女子は、年齢が上がるにつれ、

遠くの学校に通うことに父親が難色を示しだした。彼女は、5人の姉妹がおり、母親も他の姉妹も学校に行っていないがために非識字者であったが、彼女を通して、みな簡単な文字の読み書きなど学ぶ機会を得ている。この父親の反対に、毅然と立ち向かったのが母親であり、娘の教育を継続することに奮闘している。以前の母親には夫に反対するなどできなかったことであり、一人の学びの機会が、他の家族の学びの機会や自己形成にもつながっている事例である。

事例② **学びの機会がさらなる好奇心や自己の見直しのきっかけとなる：**識字教室では、保健衛生や職業訓練をいっしょに学ぶことも多く、学習成果やスキルの発表展示会を村で開催し、村の人たちに自分たちの活動の成果を見てもらうこともある。今までさほど話すこともなかった村の人たちからの称賛を得ることが学習者たちの自信につながっている。さらに、隣村でも同じような展示会を開いていると聞いて、それまで一度も村を出たことがなかった女性たちが、隣の村に行ってみたいという外への好奇心を持つようになった事例もある。

　一方で、女性たちに裁縫を教えることになった村の仕立屋の青年は、小学校を卒業してすぐ仕立屋に奉公に出て以来この仕事を生業としてきた。教室で教えるようになってから、熱心に学ぼうとする女性たちの姿勢に、改めて自分の仕事の価値を認識し誇れるようになったという。このように教える行為を通して、さらに自分自身もより多くの知識とスキルを磨きたいというきっかけになることもある。

事例③ **協働する学び：**NFE・ALP教室あるいはコミュニティ学習センターに集う人たちは、「学校に行けなかった」という経験とそれに伴う劣等感を共有することができる。それゆえ、学びが決して個人で完

結せず、学習者たちが協力して学ぶ、相互にサポートをするピアラーニングとなる。中には先生よりもはるかに年配の学習者がいることも多いので、世代を超えた学びあいは、一方通行のものではなく、先生も巻き込んだ多角的で創造的な広がりを持つ学びの場となることが多い。また、お互いに励ましあうことで、中退を避けるきっかけにもなっている。

事例④　地域の変化：コミュニティの中に「学び」の場ができ、若者や女性たちが通う姿を日常的に見る中で、コミュニティが変わっていくこともある。シンド州のヒンドゥー教徒が多く住む最下層の村は、生業を日雇いや物乞いでまかなっており、村に一歩入ると道はごみであふれかえっていた。そこにまず女性の識字センターができ、若者向けのオルタナティブ学習センターができ、村人の強い要望で幼稚園もできるようになった。2年後に同じ村を訪ねると、まず村はすっかりきれいになっていた。自分たちで少しずつお金を出し合い清掃に充てているという。また、物乞いの人の中にそれをやめてほかの仕事を探し出し、さらに近隣に住むムスリムの子どもたちの通学も受け入れているという。

　識字・基礎教育の場は、こうして個々人の精神的自立を後押しするとともに、様々な対話とシナジーが生まれる場ともなる。共通の学習経験を通して、貧困や民族・宗教観の違い、ジェンダーによる格差など様々な困難を抱える人たちとコミュニティが、それに立ち向かい克服していくきっかけにもなっている。そしてそれを促すのは、柔軟な学びの機会を提供し、承認する制度でもある。

5. 日本のニンジンはなぜ同じ大きさで、同じ色なのか

　日本のスーパーに行くと、同じ色、同じサイズのきれいなニンジンが並ぶ。形もさまざま、曲がっていたり虫に食われたニンジンがゴロゴロ並ぶパキスタンとは雲泥の差である。ニンジンに象徴されるように、それは日本の失敗を許さない社会と、どれも同じ「規範」に沿った質を保つべきという同調圧力を象徴しているように思える。

　本章では、いわゆる「途上国」の課題と対応策を議論してきたが、第Ⅱ部第3章で取り上げた日本や第4章で取り上げたヨーロッパとも共通の課題が多く、決して遠い国の話として切り離すことはできない。日本の場合、困窮家庭の子どもたちが直面する様々な制約に加え、競争的な学校環境のもたらすストレスや不安など「先進国」社会であるがゆえに若者たちが弱音を吐けず葛藤することもあるのではないか。例えば学力が世界トップレベルにあるにも関わらず、自己肯定感や将来への展望が極端に低いなどだ。一方で、「失敗」にもより寛容なパキスタンの社会では、ノンフォーマル教育で学ぶ若者たちは臆することなく自分の可能性に挑戦し、みるみる自信をつけていく。また、年齢や環境が違えども、同じ問題を抱える者同士、楽しく協働しながら学び、自分は幸せだと堂々と語ることができる。

　さらに、学校教育だけでは基礎教育を充足できないのが明らかな「途上国」では、いち早くイクイバレンシーやRPLなどの多様な学びのルートやアプローチを認める制度を導入し、学習歴の認証だけでなく、生活経験から得た学びや経験もふくめた多様な能力を認める教育にも門戸を開きつつある。

　このような「遅れてきた途上国」における柔軟で多様な学びの選択肢の制度化や、失敗と多様な形での再チャレンジを受け入れる社会のありかたから、今こそ「先んじてきた日本」が学べるものもあるのではないだろうか。

注	**1** 平山賢一「若者減って得た安定、日本の投資の未来図」https://style.nikkei.com/article/DGXMZO54655700R20C20A1000000/（最終閲覧2021.12.23）
	2 Non formal Education（NFE）,Alternative Leadership Program（ALP）

参考文献

- アマルティア・セン『不平等の再検討─潜在能力と自由』（岩波書店、2018年）

- アマルティア・セン『人間の安全保障』（集英社、2006年）

- 大橋知穂『未来を拓く学び「いつでもどこでも誰でも」パキスタン・ノンフォーマル教育、ゼロからの挑戦』（佐伯コミュニケーションズ、2021年）

- 小川啓一・江連誠・武寛子『万人のための教育（EFA）への挑戦：日本のODAに対する提言』（独立行政法人国際協力機構　国際協力総合研修所、2005年）

- 国際連合人口基金（UNEFPA）『世界人口白書2014─18億人の力　未来を変革する若者たち』（国連人口基金、2014年）

- 世界銀行『教育セクター戦略2020』（世界銀行、2011年）

- 丸山英樹・太田美幸・二井紀美子・見原礼子・大橋知穂「公的に保障されるべき教育とは何か─ノンフォーマル教育の国際比較から─」『教育と社会研究』第6巻（一橋大学、　2016年）

- ユネスコ『EFAモニタリングレポート2012』（ユネスコ、2012年）

- ILO, *Global Employment trends for youth 2020; Technology and the future of jobs* ILO 2020

- United Nations, *UN Youth Strategy-Youth 2020 Working with and for young people* UN 2018

- UNESCO Institute for Lifelong Learning, *UNESCO guidelines for the recognition, validation and accreditation of the outcomes of non-formal and informal learning* Hamburg, UIL 2020

就職活動における
セクハラの防止を求める学生の要望

2019年11月18日、私の所属している一般社団法人Voice Up Japan ICU支部を含む都内の有志大学生が集まったネットワークSAY（Safe Campus Youth Network）が、国に就活セクハラ対策を求める緊急声明を発表した。

2021年の5月に厚生労働省が発表した「職場のハラスメントに関する実態調査」によると、就活やインターンシップ中にセクハラ被害に遭った人は4人に1人いる。これは緊急声明を書いた私たちにとって驚かない数値だった。

「新卒」ステータスが重要視される日本では、大学生の大半が、卒業後のキャリアパスを築くために就職活動を行う。自分の将来がかかっている就活プロセスの中で、就活生と企業側の間には、圧倒的に不均衡な力関係があることを、学生は実感するだろう。大事な将来が、自分の一つ一つの言動に左右されるからである。

私の周りでも、面接中に体を触られるなどのセクハラ被害に遭っている学生がいた。しかし、就活生の基本的人権は大学にも企業にも法律にも守られていなく、被害に遭っても内定がかかっているからと泣き寝入りすることが多い。

就活生として、私も、私の友人も全員当事者であり、誰でもこのような被害に遭う可能性があった。SAYのメンバーはそのような強い危機感を共有していた。

声明文作成に加わったVoice Up Japan ICU支部は、ジェンダー問題などの社会問題に関する活動を行う団体の学生支部だ。そのメンバーとして、また学生アクティビストとして、私はこの声明文が1人でも多くの人に届いてほしかった。

声明文を厚生労働省とマスメディアに届けるために、SAYは厚労省記者クラブとFCCJ（日本外国特派員協会）で記者会見を行った。私はFCCJで英語の記者会見に参加することにした。正直、大学生が記者会見で話しても、誰も聞く耳を向けないのではないかと、懐疑的なところもあった。しかし、会見の会場に入ると、多くのメディア関係者が私たちの話を聞きに集まっていた。会見では、学生として当事者性を意識し、緊急声明をもとに、就活セクハラが横行している状況への危機感と憤り、不安感を語った。同日、テレビやロイター通信の記事で会見の様子が報道された。

もちろん私1人の力ではなく、同じ目標と当事者性を持った学生同士で一緒に声を

就活セクハラに関する街頭集会
（渋谷駅前）

上げたからこれほど注目をされたのだ。確固たる意志と使命感で政治家やメディアに
正面から向かい続けた仲間の姿には刺激され、勇気づけられた。

　緊急声明発表の翌月、Voice Up Japanは渋谷駅前で就活セクハラ街頭集会を行い、
私含む多くの方が現状や思いを語った。人前でメガホンを握り話すことは怖いことだ
が、日本で就活を行う友人や家族、大学の同期を思うと、居ても立っても居られなく
なる。結局、声明文で政府に要望したことは未だ実現していない。しかし、冒頭で述
べた厚労省の実態調査では初めて、就活セクハラの実態が正式に調査され、公表され
た。私たちの活動が、少しずつ状況をいい方向に動かすきっかけになったと、今では
確信できる。

遠藤理愛（一般社団法人Voice Up Japan ICU支部）

参考文献　● Women's Action Network「実効性ある「就活セクハラ」対策を求める大学生からの
緊急声明」https://wan.or.jp/article/show/8659（2021年8月21日閲覧）

● 厚生労働省「職場のハラスメントに関する実態調査報告書」https://www.mhlw.
go.jp/content/11910000/000775799.pdf（2021年8月21日閲覧）

共生をめぐる未完の「思想」
―コーヒーハウスの実践から

　1955年に開館した東京都国立市公民館では、公民館保育室や日本語教室など先駆的な取組みが数多く行われてきた。公的社会教育の枠組みの中で展開されてきたこうした実践は、公民館職員のコーディネートのもとで社会参加に制約のある当事者が学習し、ともに学ぶ非当事者とコミュニティを形成していく点に特徴がある。

　その中でも、1980年頃に開始された「コーヒーハウス」の活動は、「障害のある若者を支援する」のではなく、「障害のある若者とない若者がともに学びあう」場として独自の実践を重ねてきた。市内在住・在勤の主に知的障害のある若者を対象として、スポーツや料理などコース別に活動する公民館事業の障害者青年学級や、市民団体が運営する公民館喫茶コーナー「喫茶わいがや」などの日常活動がコーヒーハウス全体を構成している。障害のないボランティアのスタッフにとってもこうした場は貴重であり、スタッフの多くは初めて障害のあるメンバーと関わる中で、自分自身が内面化してきた能力や有用性に基づく価値観が揺らぐことを経験している。

　しかし、メンバーにとって、場の持つ意味の大きさはおそらくスタッフの比ではない。特に障害が軽度のメンバーから、「コーヒーハウスに関わって人生が変わった」、「自分にとって一番なくてはならない居場所」といった言葉を何度も聞いた。学校や職場で支援される立場であり続けてきたメンバーにとって、同世代の人びとと支援／被支援をこえた関係を築くことができる場は限られる。コーヒーハウスのスタッフや公民館職員との関わりは、メンバーの生活に欠かせないものとなっている。

　それが脅かされたのが、コロナ禍であった。通常の活動ができない中で始まったのが、メンバーによって立ち上げられたSNSのグループでのオンラインの交流である。そこでは、メッセージが毎日交わされて盛り上がり、公民館を拠点にした実践がその枠組みをこえて自由で多様なコミュニケーションへと発展する可能性を感じさせる。

　しかし、このようなコミュニティの内部にも排除や抑圧の問題が存在する。実際にこうしたグループが立ち上がった背景には、コロナ禍で交流の場がリアルからSNS中心になった必然性が関係しているだけではなく、それ以前からスタッフや職員を中心とする既存のグループからメンバーが実質的に排除されていたという経緯もある。「障

障害のある人もない人ともにつどう「喫茶わいがや」

害者」と「非障害者」が徹底して分けられている社会では、コーヒーハウスのように障害の有無にかかわらず市民として関わることができる場は限られるが、一方でそうした場では「障害のあるメンバー／障害のないスタッフ」という区別のもとで活動が制度化されている。公民館実践から発展したSNSのグループのようなインフォーマルな関わりは、そうした区別を乗り越え、「ともに生きていく」関係性を豊かにする可能性がある一方で、区別が過度に維持される場合もあるという両義性を抱えている。

コーヒーハウスの若者たちは、こうした問題にその時々で試行錯誤しながら向きあおうとしてきた。また、その中で生まれた言葉を、鉤括弧付きで「思想」とし、まとめることも試みてきた（障害をこえてともに自立する会『「思想」としてのわいがや』2021）。地域で様々な人がどうともに生きていくことができるのか、コーヒーハウスの40年の実践が紡いできた共生をめぐる「思想」は、いまだ不十分で未完である。しかし、公民館を拠点に展開する活動を通して顕在化する課題にともに向きあい、学習を再帰的に持続していくこと。その積み重ねが、差異や区別を排除や抑圧に転化せず、葛藤しながら他者の存在を認めあう社会を創っていくと考える。

島本優子、井口啓太郎（ともに国立市公民館「コーヒーハウス」ボランティアスタッフ）

第Ⅲ部
多文化共生社会への模索と国際交流

現代のグローバル社会において日本への人の移動に注目すると、日本政府は2018年末の入管法の改正によって事実上の就労ビザである「特定技能」の在留資格を創設し、「共生社会」を目指すとした。これら労働者をはじめとした移民受け入れに当たって日本社会を共生社会とするためにはどのような改革が必要か、その一助として地域日本語学習活動や社会教育における「多文化教育」のあり方が課題となる。

第Ⅲ部第6章では、日本における共生社会のあり方を検討し、「外国人」移住労働者を中心に、移民の対等・平等な社会参加に資するため、地域日本語学習活動がどうあったらよいかを考察する。第7章では、韓国で2006年以降急速に推進された「多文化」政策によって飛躍的に進んだ移民受け入れ関係法制定や環境整備などの施策推進について言及しつつ、上からの多文化教育を検証し、日本社会に必要な「社会統合」に向けた教育のあり方について考察する。

第6章

「共生社会」創造を目指した
外国人移住者との地域日本語学習活動

山田 泉

1. 日本社会における外国人生活者の人権と
日本語学習

（1）戦後の外国人等生活者の来日と日本語教育

　戦後、ある程度まとまった数で外国からの移住者を受け入れたのは、カテゴリーからいうと、1949年の中華人民共和国建国前の内戦期間に中国大陸から来日したキリスト教宣教師にはじまるとされる。その後、戦前・戦中に占領地だった東南アジアの国々からの賠償留学生をはじめとした留学生、研修生が続く。これらはエリートであることが多く、国や財団による支援もあり、所期の目的を達成、帰国し、それぞれの国の教育、行政、政治、経済、科学・技術、法曹界などでしかるべきポストに就いた者も少なくない。その後、一般の留学生や技術研修生などの受け入れも拡大していった。

　1980年代に入ると、ベトナム戦争の終戦前後から続くベトナム、ラオス、カンボジア難民の本格的受け入れが始まった。国は日本語学習・日本社会適応支援を目的に東京都、神奈川県、兵庫県にセンターを設置した。続いて外国人[注1]とは異なるが、中国残留日本人孤児の大量帰国時代を迎え、国は埼玉県所沢市にセンターを開設した。難民や帰国者は家族単位での移住が多く、まさに日本社会で「生活者」として生き抜いていくための支援が必須となる。しかし、来日初期においては公的対応がなされたとはいえ、センターでの研

修期間が過ぎれば、通信教育での対応こそあれ、仕事や日常の生活など、自活していくための活動が中心となり、日本語学習等は自助あるいは共助に頼らざるを得なかった。中国帰国者の場合、国費帰国の十数倍の私費帰国者があり、こちらははじめから自助・共助しかなかった。

その後も1980年代中期以降のバブル経済期に外国人非正規滞在労働者が増え、最大で30万人を超えたとされる。国は人手不足を補うためにあえて非正規滞在を容認したという指摘がなされている。1990年には改定「出入国管理及び難民認定法（入管法）」が施行され、三世まで（四世は未成年で家族帯同の場合）の日系人には活動に制限のない身分としての在留資格（日本人の配偶者等、定住者）が付与された。中南米諸国からの来日が多く、こちらも最大で30数万人規模となった。1993年には外国人研修・技能実習制度が導入され、事実上、単純労働における外国人労働者の移入が始まった。

これらの人々に対する、生活者としての受け入れ施策は、国レベルではまったくといってよいほどなされていない。地域社会では同じ住民としてボランティアによる対応がほとんどで、地方公共団体は日本人と同様な住民サービスは行っても外国人としての特性に配慮した対応は、ボランティア活動に対して間接的に支援する程度に止まってきた。それは、結婚移住者（女性）や、日本生まれも含め、移民の子どもたちに対してもほとんど変わらない。日本政府が外国籍者は義務教育対象外としているので、小中学校によっては、移民の子どもの受け入れを拒否したり、日本語ができるようになってから受け入れるなどとしたものもあった。

日本を、これら外国人生活者と共に対等・平等に暮らす社会とするためには、ホスト側日本人が外国人の人権を尊重し、共生を目指すための意識化を進め、法律や制度、システムを外国人等の特性に配慮した適切なものとして整備していく必要がある。それは、2016年に「義務教育段階における普通教育に相当する教育の機会の確保等に関する法律（教育機会確保法）」を制

定し、2018年に入管法を改定し事実上の就労ビザを新設し、2019年に「日本語教育推進法」を制定したこととも呼応している。これらに対し、30年以上、全国のさまざまな地域で、ほとんどがボランティアによって取り組まれてきた地域日本語学習活動^{注2}の経験が果たすべき役割は大きいと考える。これは、日本が推進している国連のSDGs目標4の「すべての人々に、だれもが受けられる公平で質の高い教育を提供し、生涯学習の機会を促進する」という公的な日本語学習保障と対をなすものである。

　本章では、これら外国人等に対する地域日本語学習活動の現状を、具体的な活動例を示しながら紹介するとともに、活動が日本社会のマジョリティ側の意識を変え、ともに社会を変える学びに繋げる必要性について述べる。併せてSDGsについて、マイノリティや途上国といった視点から批判的に検討すべきことに言及する。

(2) マイノリティと人権

　日本社会の在留外国人数は、2,887,116人（2020年末）（出入国在留管理庁HP、2021）、外国人労働者数は、1,724,328人（2020年10月末）（厚生労働省HP、2021）である。

　日本においては、マイノリティに対する言語を含む学習・教育活動は、以前から人権の視点により取り組まれることが少なくなかった。「識字（リテラシー）」ということばは、元来文字の読み書きに由来するが、知的活動全般の技能習得としての識字学習（識字教育）活動としては、戦後間もなくから、被差別部落出身者、在日コリアン^{注3}、障碍者等を対象に、主に夜間中学や識字学級が担い現在に至っている。これらは、誰に対しても本来学齢期に保障されるべき教育がなされなかったことは、本人の問題ではなく社会の問題だとして、改めて不備を償いとして機会を提供する、という「補償教育（Compensatory Education）」としてなされるものである。同様に、外国

から来た人が自らの生活時間を割き、かなりの労力を費やして社会の主流言語を学び、文化習慣、行動様式を身に付けることには、ホスト社会からの人権・学習権に配慮した補償教育的対応が望まれる。

　また、一方的な主流社会への同化に抗し、アイヌや沖縄出身者に代表されるそれぞれの帰属集団の言語・文化継承学習・教育も人権の視点から取り組まれてきた。これらは、外国につながる子ども[注4]たちが親や祖父母たちの母語を継承することを大切なこととし、適切な方法で学び、獲得することを目指す継承語教育が、子どもや家族の人権尊重の視点から望まれることと通じる。日本語教育推進法では、第3条7に「日本語教育の推進は、わが国に居住する幼児期及び学齢期（…）にある外国人等の家庭における教育等において使用される言語の重要性に配慮して行わなければならない」とあることは評価される。

　マイノリティに対する言語教育で大切な視点は、表面的な言語でのやり取りの方法を学ぶことなどではなく、1985年のユネスコ（UNESCO）第4回国際成人教育会議（パリ）での「学習権宣言」にいう、「自分自身の世界を読み取り、歴史をつづる」ということにある。マイノリティをマイノリティにしている社会の問題を読み取り、自らをマイノリティにしている、自らと社会と双方の中にある「文化」から自らを解放することにあろう。

　今や日本社会は外国人の力を借りなければやっていけない状態にあるが、マジョリティの日本人側は、生活者である彼（女）らと「同じ生活者として」の接点を持たず、すれ違い（パラレル）に生きていることが多い。少子高齢化による生産年齢人口の極端な減少は日本の国内問題であり、経済及びさまざまな分野での構造改革による対応が必要である。それにもかかわらず、外国人の労働力に頼っているからには、外国人を同じ人間として受け入れ、外国人も対等・平等に社会参加できる共生社会を創っていくことが必要である。そして差別なく外国人の人権を尊重するということが受け入れ国家とし

ての義務であり、マジョリティ側の日本人一人一人が自らの意識を変容し、外国人の人権を尊重し、共にこの国で対等・平等に生きるという決断を下すことが不可欠である。

（3）日本政府、日本社会の外国人移民[注5]政策

　これまで近代日本は一貫して、外国人移民を受け入れようとしてこなかった。2018年、政府は特定技能の在留資格を新設しながら、当時の安倍首相はあえて「移民の受け入れではない」と明言している。つまり日本には明治以来今日まで、移民は存在しないという建前を取っているので、移民政策も存在しない。それに対して地域社会や地域住民は、外国人生活者に対し、見るに見かねて手を差し伸べるという状況が続いてきた。日本社会で生活する上で必須な日本語学習も自学自習の「自助」やボランティア支援者による対応などの「共助」がほとんどで、国や自治体が主体となって取り組む「公助」は、これまでは主に難民や中国帰国者の一部に対するものと夜間中学でのものに限られていた。これらは、近代民主主義国家である日本において、主権者である国民の責任でもある。

（4）日本社会、日本人とニューカマー外国人の学習権

　公設の夜間中学や識字学級はそもそも日本人や在日コリアン等の義務教育未就学者を対象とするもので、戦後の移住外国人であるニューカマーを対象とするものではなかった。そこに日本語を学ぶ手段のなかったニューカマーが押しかけたという形である。政府や地方自治体にとっては、教育現場が勝手に受け入れてしまったという位置づけである。東京都教育委員会も、夜間中学は外国人等が日本語を学ぶところではないとしていた。大阪府にいたっては、横山ノック（山田勇）知事時代（1995年-99年）に、知事自らが、外国人の日本語教育は行わないとした。小中学校の教育課程を学ぶために一定

程度の日本語力が必要なのでその対応をしているという現場の理由で受け入れてきたという経緯がある。1984年、川崎市立西中原中学校夜間学級では、カンボジア難民の日本語学習者に対し、はじめは「国語Ⅱ科」という「国語」の一部として日本語教育を行っていて、1986年に「日本語科」と改称し、1990年の国際識字年に合わせて夜間の識字学級として独立している。ボランティアによる自主夜間中学や識字学級の多くも似たような経緯がある。これに対し、日本語学習を目的とした地域におけるボランティア日本語教室は、1990年前後から急速に開設されていった。公設や自主の夜間中学、識字学級がマイノリティ外国人に対する学習権保障を中心的コンセプトとしていて、関係者の人権意識が高いのに対し、地域日本語教室は日本語を学びたいという者にいかにしたら効果的に日本語が教えられるかといった関心が強いという傾向がある。

(5) 外国人移住労働者の人権

　わが国の外国人労働者問題のうち、とりわけ社会的関心を集めているのが技能実習制度[注6]であり、技能実習生問題である。2020年からのコロナ禍においてマスコミに取り上げられることが多かった技能実習制度関係事例から日本社会の外国人労働者問題を考えてみたい。マスコミなどに取り上げられた実習生の人間としての生き方（人権）を否定するような事象の幾つかを示すが、詳しくはインターネット[注7]などを参照いただきたい。

　1993年の制度発足当初から、外国人研修・技能実習制度の管理団体による受け入れは、その目的が政府のいう途上国への技術移転なのか、多くの企業が求める低賃金の労働力移入なのかが明確ではないと指摘されていた。技能実習生は過酷な労働を強いられながら、雇用契約に基づく賃金ではなく、最低賃金法に抵触しない「研修手当」（平均月額7万円程度）としてしか見返りがなかった。研修2年目からは雇用契約を結ぶことになっていたが、研修

生の母国の送り出し側ブローカー、日本の受け入れ側管理団体（組合）、双方の「経費」（手数料）天引きによる目減り分を勘案すると月額9万円から14万円と研修手当よりは若干ましな程度だといわれた。ここからさらに渡航費用等の借金返済があるのが一般的だった。2010年7月から研修・技能実習制度の変更があり、実習の初年度から雇用契約を結ぶこととなった。さらに2017年に「外国人の技能実習の適正な実施及び技能実習生の保護に関する法律（技能実習法）」が施行され、技能検定に合格すれば雇用契約を結んで最長5年の実習が継続できることとなった。しかし、依然多くの問題が残っている。発足当初の目的である技術移転が企業の労働力不足を補う低賃金労働にすり替えられることが少なくなく[注8]、種々の問題が生じてきた。それらは、賃金・残業代の未払いや不適切な支払い、長時間労働や過酷な労働環境、パワハラの横行、居住環境や生活待遇の不備などだが、当事者や支援者から指摘され続け、上で指摘したように、マスコミ等に取り上げられることは枚挙に暇がない。

　それが、コロナ禍にあって解雇や雇い止めに遭っても次の実習先に繋がらなかったり、実習期間が過ぎても航空券が高額だったり出身国の入国制限があったりで帰国できず、路頭に迷うことが少なくない。それにもかかわらず、制度の実施主体である法務省や外国人技能実習機構が実態を適切に把握していないという指摘がある（朝日新聞、2021）。

　50年も前だが、スイスの作家であるマックス・フィリッシュの「労働力を呼んだはずが、来たのは人間だった」という有名なメタファーがある。まさに、外国から労働力を移入しようとすれば、併せて人間（生活者）として、受け入れ国の人間と対等な資格と平等な待遇を保障すべきであり、そうでなければ人権を侵害することになると、受け入れ国も国民も認識すべきだ。韓国での外国人労働者等の受け入れの事例及びその改善の取組は次章（第7章）を参照いただきたい。日本が学ぶべき面がいかに多いかが分かる。

（6）外国人と日本人の接点を求めて

　現実社会においてマジョリティ側の大多数の人々は外国人と「すれ違い」（パラレル）の関係としてしか関わっていない。一方で多文化社会化が進んでいる今日、一部の人々にとっては、同じ生活者として日常的にやり取りのある関係を持つことも希ではなくなっている。しかし、あくまでも一部の人に止まっていて、一般の人々は自分ごととして受け止める人は多くはない。よって、「外国人と共に生きる」という意識を持つ人は点として存在しても、線とはなりにくく、まして面にはなり得ていないのが実情である。

　日本を共生社会とするためには、日本社会で外国人と日本人が出会い、ともに同じ生活者としてかかわる接点を増やしていく必要がある。そのためには何らかの「仕掛け」が必要だが、その接点の一つになり得るのが、次に述べる「地域日本語学習活動」の場であり、ここには、そのような機能を持たせることが重要であると考える。

2.　地域日本語学習活動

（1）地域日本語学習活動の現状と課題

　筆者は40数年日本語教員としてさまざまな国籍の人々と深く関わってきて、個人としての人間関係に国籍は関係ないと思っている。これらの思いは、日本語教師という立場にある人、あった人なら多くの人に共感してもらえるのではないだろうか。

　日本語教員以外でも、日本社会のマジョリティが外国人等の日本語学習者にかかわることで、同じ生活者としての思いを共有することができるのではないかと思われる。さらには、そのかかわりがさらに周りの人々に広がり、線となり面となっていく仕掛けができるのではないかと考える。それは、

1990年前後からいくつかの地域でボランティアの日本語教室ができ、それが広がりながらネットワーク化していく過程を見ていて、教室がそのような場になってほしいと考えたからである。

　山田（2002、118-135）は、地域の日本語教室のニーズは二つあって、その一つは外国人が生活上必要な行動がなし得る日本語運用能力を獲得することで、もう一つは、外国人住民が日本人等住民と隣人としてかかわり、ともに学び合い、地域を共生社会としていく主体となっていくための場だと考えている。前者は、公助として地方公共団体と国が連携し専門家としての日本語教員が責任を持って行うべきもので、「補償教育としての社会への参加を目指した言語習得」といえるだろう。後者は、共助として個々の住民やボランティア団体が自らの意思によって行うもので、「社会教育としての社会の変革を目指した相互学習」といえるだろう。

　文化庁ウェブサイト（2021、2020）によると、2020年11月1日時点（カッコ内は前年同時点）で、国内の日本語教育実施機関・施設等数は2,516（2,542）機関、日本語教師等数は41,755（46,411）人、日本語学習者数は160,921（277,857）人となっている。いずれも、2019年に比べ2020年が少ないが、新型コロナ感染症の影響と推測されている。これを、大学等機関と日本語学校（法務省告示機関）の合計とその他（地方公共団体・教育委員

表6-1 日本語教育機関・施設数、教師等数、学習者数（2020.11.01時点、（　）内は前年分）

	機関・施設数	教師等数	学習者数
大学等及び日本語学校	1,139（1,184）機関	15,970（18,145）人	98,815（179,738）人
その他の機関・施設	1,377（1,358）機関	25,785（28,266）人	62,106（98,119）人
計	2,516（2,542）機関	41,755（46,411）人	160,921（277,857）人

※ 文化庁2021、2020から筆者による作表

会、国際交流協会、任意団体等）の合計とで分けたものが表6-1になる。後者のうちの大半が「地域の日本語教育」実施機関だと考えられるが、かなりの規模で展開されていることが分かる。

　ここで問題なのは、地域日本語教育実施機関に求められる二つのニーズのうちの前者である「日本語運用能力を獲得すること」に対応する教育機会を公的に提供する機関が極端に少ないことだ。本来ボランタリーな活動として外国人住民と日本人等住民がともに学び、相互に支援し合うことを目的としている地域の日本語教室に、前者の機能を求めて多数の外国人住民等が来ている。後者の教室の中には、公民館や国際交流協会等が主催し、ボランティアを募って運営しているものもあり、一部交通費程度を支弁しているところもある。しかし、多くは、ボランティアが手弁当で行っている。学習場所も公民館などの部屋をボランティアが当番を決めて予約し借りているものも少なくない。

　これらの教室では、ボランティアの日本人住民が少しでも日本語教師的な専門能力をつけるべきかどうかで悩んでいるところが少なくない。筆者は、これまで述べてきたように、ボランティアが後者の目的に専念できるよう、国や地方公共団体が前者の役割を担う地域日本語教室をニーズに対応する数だけ設置すべきだと考える。日本語教育推進法ができた現在、国と地方公共団体にはその責任がある。しかし、それはこれからという現状では、あくまでもそうしたいという者がいることが条件だが、ボランティアができる範囲で前者の役割にこたえていくこともあり得るかと思う。ところが、多くの現場でボランティア同士が学校派と交流派とで対立が続いている。国は地域日本語教育も含め複数の教育対象別にそれぞれの専門能力を持った「公認日本語教師」の養成に向けた準備を進めている。また、地方公共団体でも、国の助成制度を活用した新たな日本語教育機関の設置に向けた取組が始まっている。しかし、当分は、公助での学校の設置を要求しながら、どちらもありと

していくのが現実的対応だろう。いずれにしても、地域の日本語教室では、みなが同じ「人間」として資格的に対等で、待遇的に平等に社会参加していくべきとして、ともにそれが可能な社会を創造する主体となっていくという共通理解は持ち続けたい。

(2) 日本語教育における「地域日本語教育」

　一般的な日本語教育を簡単に説明し、地域日本語教育の特徴は何か述べておく。

　日本語ネイティブが、日本語学習者からよく聞かれる質問で、日本語の「…は…」と「…が…」はどう違うかというものがある。多くの人は、とっさには答えられず考え込んでしまう。日本語教師ならば、学習者の日本語レベルや学習適正などを勘案し、初級者ならば、「…は…」は「は」の後が知りたいこと・伝えたいことで、「…が…」は「が」の前が知りたいこと・伝えたいことですと言ったりする。初級者であればこの説明でほとんど問題がない。

　一般的な日本語教育では、教師は文法体系など日本語の言語体系の知識を理解していることはもちろんだが、それを個々の学習者の状況に合わせて、理解させ、使えるようにする方法を心得ている必要がある。一般的に言語の体系は、音声（発音）、語彙（単語）、文法（文型）、文字・表記の4種類とされる。この体系の理解とそれらを実際の場面・状況（シチュエーション）に合わせて適切に組み立てて表現し相手に送り、逆に相手が表現したものから意図を適切にくみ取り「運用」できるようにするのが日本語教育ということになる。もちろん、それだけでなく、運用の背景にある文化的ルールや身体表現などのノンバーバルコミュニケーションについても習得させる必要がある。さらに、第二言語[注9]としての日本語教育では、自らの日常生活や職場、学校など、あらゆる場面で使えるものであることが重要である。そして、こ

の「使う」ということを想定したさまざまな指導法がある。教室内でロールプレイ（役割演技）やディベイトをしたり、教室を出て、実際のコミュニケーション場面を観察し、自らも必要な行動をしてみたりすることもある。

　文化庁は、「外国人生活者に対する日本語教育」と、「生活者」を強調した言い方をするが、地域日本語教育は、まさに来日してすぐから日々の生活を成り立たせるためのものである必要がある。さらには、学習者一人一人が、日本語という異言語を学ぶための学習適性がばらばらで、日本語の既習から未習まで、レベルの差が大きい。多様な学習者が同じ教室で学ぶこともあり、それに対応した指導が必要である。生活者として必要なコミュニケーション力は、実際に必要なコミュニケーションを行うことで習得するという基本原則がある。つまり、日常生活のそれぞれの場面が教科書で、実際のコミュニケーションが学習活動なのだ。教室はそれらの行動を支える基地であり、同様の仲間と方法を検討する場であり、互いに励まし合い、日々の活動に出ていく場である。日本語教師は、そのための基地での学習者間のやり取りをサポートし、必要なアドバイスをするコーディネータ役となる。また、これら外国人それぞれの来日初期の日常生活から就労、就学、子育てなどのそれぞれの社会参加に至るまで、学習者の生活を支えるとともに、日本社会側にも、多言語ややさしい日本語での対応の必要性を理解してもらうことに注力することが期待される。それが、日本語教育を、「外国人が日本社会に同化・適応する能力として日本語、日本文化の習得を目指すものとするのか」と、「日本社会が相互適応を目指し、真の共生社会となるための日本語ネイティブを含めた多文化教育とするのか」との違いでもある。

（3）日本人の意識変容、日本社会の改革

　ここからは、地域日本語教育のもう一つ「社会教育としての社会の変革を目指した相互学習」の役割について考えていきたい。

人は多くの場合、自らの帰属社会の文化をとおして世界を見て、判断し、行動している。筆者は「文化」を大雑把に「世界の見方」だと言っているが、すべての人は自らの帰属社会から世界の見方を学ばされている。マジョリティ集団は、その見方を当たり前、当然の見方だとし、疑うことがない。しかし、「異文化」との出会いによって、「当たり前」が脅かされ居心地の悪い思いをする。

　地域の日本語教室では、日本人等マジョリティと外国人マイノリティとが出会い、互いに異文化と格闘することで、帰属社会が同じ者は似たような世界の見方を身に付けていることを理解し、さらに自らの世界の見方は、人の数だけある世界の見方の一つだということを理解する。地域の日本語教室は、そのためにも、多様性が尊重されだれにとっても居心地のよい社会を創造する場の一つとして、参加者がともに学びながら、自らの世界の見方を自らの責任において作り直すための基地であってほしい。

　学ぶという行為は、純粋に個人的な行為であるべきことは疑いがない。個人が全体を構成する一主体であるならば、一人一人は全体のあり方に責任を持つ主体でもある。そして個人には帰属社会に責任が持てるようになるための学びが必要である。社会をよりよくするための個人の学びとでもいえるだろう。これを仮に個人における「社会的学び」というとすると、地域の日本語教室で日本人と外国人とが共に学ぶことは、社会的学びの実践であり、地域の日本語教室にはそのような学び合いの機能がなくてはならないといえよう。共生社会実現のために地域の現状を的確に把握し克服すべき課題があれば明らかにし、克服に向けた方法を構築し具体的実践に繋げていく必要がある。そのための実践とは、地域社会のマジョリティにかかわり、共生社会創造に向けてマジョリティ側を変容させるための啓発活動を展開するということになる。地域の日本語教室は、そのための発信基地でもある。

（4）マイノリティ問題の克服に向けて

　地域の日本語教室における社会的学びでは、学習者、ボランティア双方にとって身近で人として関わり合うために有意義なテーマから行うことが肝要だ。例えば1（5）で言及した技能実習生についてだが、現在、多くの教室に学習者として彼（女）等が来ていて、日本語を学んでいる。そこで、教室で技能実習について話題にして個別具体的なテーマ学習をしてみてはどうだろうか。それも、はじめから「制度」を取り上げるのではなく、できる範囲で実習生であるAさん個人を知り、ボランティアであるBさんを知るという活動からはじめ、互いにラポールを形成した上で、新聞やテレビ、ラジオ、ネットなどの報道・情報をみんなが集めて持ち寄って、教室の実習生に「新聞にこんなことが出ていた」と、内容を「やさしい日本語」で伝えて差し支えない範囲で当事者としての意見を聞くことができるだろう。実習生当事者こそ、自らに関する報道があることを知らなかったり、残業は正規の賃金より割り増しがあることなど、日本社会の労働慣行や労働関係法で自身に関係があるものをまったく知らなかったりすることが多い。もちろん一般の日本人もそれらに精通する者は少ないので、詳しい人をゲストとして招いて学んだり、ネットや文献で調べたりして情報共有をすることは、実習生当事者のためにもなる。実習生も自分の意見を持ち、発信することは、当事者活動として意義があり、これらからボランティアやマジョリティ側が学ぶことこそ相互学習といえる。

　ところで、これらは実習生に「知恵を付ける」として、受け入れ企業や管理団体等によっては問題視されることがあり配慮が必要となる。筆者は、「戦略的同化」という概念を学習者とボランティアが共有することが重要だと考える。一般の日本社会においても、外国人というマイノリティは、マジョリティ側に受け入れられるためには、現状では、日本語を学び日本の習慣を身に付けることは避けて通れない。マイノリティ側が表面的にだが、日本社会

に同化・適応を目指す形を採ることで、マジョリティ側は排除まではできないという関係が作れる。その上で、マジョリティ側に変化を促す機会を気長に探っていくことが大切であろう。

3. 自らが変わって、社会を変えるために

(1)「ちがいを豊かさに」

　地域の日本語教室において、日本語や日本の習慣の習得などについては、学ぶ側と支援する側の関係が一方的になりがちだ。それも知識がある側がない側に伝えるという意味ではやむを得ないことであろう。しかし社会的学びで、例えば、技能実習制度について日本語でやり取りをし、ともに学んでいくためには、ネイティブ側が日本語学習者である外国人に分かる言い方である「やさしい日本語」を習得する必要がある。また、外国人の日本語表現を、聞き返しや言い換え確認などで的確に理解する技量を身に付ける必要がある。やり取りの中身に注目した実際のコミュニケーションからネイティブとノンネイティブとが互いに通じ合えるコミュニケーション能力を習得することが大切だ。学ぶ内容や方法を決めるに当たっても、両者が対等・平等であることが求められる。日本人側が一方的になりがちな教室運営も、対等に協力していく関係を作っていきたい。

　文化の違いを摩擦の原因とするのではなく、それぞれが相手の文化を尊重し、自らの文化を学び解（ほぐ）す（unlearn）ための重要な資源としたい。まさに教室にある多様性を大切にし、一人一人の「ちがいを豊かさに」[注10]していくことが求められる。そして、このことを社会に発信し、地域、国、世界にある「ちがいを豊かさに」していきたい。

（2）相互変容、社会変革

　戦略的同化能力を高める上で注意すべきことは、いつの間にかマジョリティ側に同化しきって終わりになってしまわないということだ。あくまで目的・目標は、外国人に対するマジョリティ側の意識を変え、社会を対等・平等に参加できるものに変えていくことだ。

　その第一歩は、地域の日本語教室に雛形がある。ともにかかわり互いの相手側が自らと同じ「人間」であることを頭でも心でも理解することが必要だ。それが十分に進んだ段階で、対外的な教室の活動としてマジョリティ日本社会側に向けたイベントを企画することは有効と思われる。教室のみんなが、経験や体験、エピソードを持ち寄り、知恵を出し合いイベントを企画し、役割を分担して実施し、教室で総括をする。そして次のイベントへと繋げていくのは楽しいものである。

　食文化交流会などと銘打って教室参加者から国の料理の作り方を教えてもらって、みんなで作って食べるというのはよく行われる。外部の日本人から自慢の日本式弁当の作り方を紹介してもらうというのも同様である。

　文化の違いをテーマにグループディスカッションを行うこともできる。その場合は、参加者の属性も考え、マジョリティ、マイノリティ、双方の当事者に配慮した設問にする。「あなたは、日本に来て文化の違いを感じましたか。それはどんなことでしたか。そのときどうしましたか」などであれば、一方的善し悪しを問題にしないかぎり互いの学びに通じるはずだ。もちろんコーディネータの技量が求められるが、文化の多様性を直に感じられ、マジョリティが違いを受け入れるための一歩となるだろう。

　このようなイベントを実施することそのものが地域の日本語教室での参加者間の学びとなる。何よりも、外国人等当事者が、一般の日本人、日本社会に働きかけ、自らの声を届けることを経験することは、セルフエステーム（self-esteem自尊感情）を育むこととなり、当事者運動に繋がる。さらにイ

ベントに参加してくれた者が教室を覗いてくれたり、教室のスタッフになってくれたりしたら、嬉しい限りである。

（3）市場原理、開発主義を超えるために

　本章の最後に、この本のテーマであるSDGsについて触れる。筆者は、地域の日本語教室的視点から学んだことをもとに、意見を述べたい。

　SDGsで、本章が最も関係が深いのは、教育に関するものなので、第4目標ということになる。曰く「すべての人々に、だれもが受けられる公平で質の高い教育を提供し、生涯学習の機会を促進する（質の高い教育をみんなに）」である。本章でこれまで述べてきたことと一致している。しかし、筆者は、「持続可能な開発」の「開発」に含まれる問題の大きさに思いを致してしまう。地域規模から地球規模まで、格差や差別、富の争奪や紛争を生んできたのが「開発」で、そうしないための修飾語として「持続可能」を冠しても、そううまくいくとは思えない。開発を止める、少なくとも部分的には止めるという地域規模から地球規模での決断が必要なのではないかと考える。それは、日本社会にあって、一部の移民などマイノリティといわれる人々と関わる中で考えたことでもある。

　国家間にある経済格差によって、先進国や新興国、途上国（後進国）などという区分がある。先進国はマジョリティで途上国はマイノリティ、新興国はその中間というようにも思える。そこで、筆者は、SDGsをマイノリティ国側から考えてほしいと思う。マイノリティ国側の本音は、マジョリティ国側が「持続可能な開発」などと言っているのはマジョリティ国家側がこれからも世界経済を支配し続けるための体のいいカムフラージュに過ぎないというものだろう。マジョリティ国側は十分発展していて、これ以上の経済発展は望むべきではなく、地球的規模での社会環境、自然環境への負荷を最大限元に戻す責任があるというものだろう。マジョリティ国が製造業やサービス

業などで、国内では非正規や外国人など安価な労働力を利用している。一方で新興国やマイノリティ国に生産拠点を移すことで、安価な労働力を得、環境対策規制の緩さから設備投資や生産コストを抑えるなどし、その実、新興国やマイノリティ国との経済グローバル競争を続けている。その口実が「持続可能」であってはならない。マジョリティ国側の言うSDGsは、市場原理の下に開発、発展、競争主義を助長するもので、マジョリティ国側も含めすべての国の市場経済社会が共同体社会を飲み込み、企業の内部留保や国債を増やし、一部の突出した富裕層以外の一般的生活者にとって心やすく人生を送ることを許さないものにしている。筆者には、以上のようなマイノリティ国側の声が、本音として聞こえてくる。しかし、国家間の戦略的同化で、今はそれらを表に出せないだけだと考える。これが、筆者が地域の日本語教室から学んだ批判的SDGs観である。

　SDGsをすべて無批判に受け入れるのではなく、だれにとっても本当に必要な、大切なことと、一部の世界経済に影響力があり市場経済開発主義である企業や為政者にとっての利益を全体の利益のように装い、それによって多くの非正規雇用者がそうであるように、あらゆる局面において、マイノリティを自己責任として生み続けるものとを区別する能力を養成していきたい。地域の日本語教室が、外国人と日本人等とがともに学び、社会に発信し、真の共生社会の創造の一翼を担っていってほしい。そして、どの国からも技能実習制度のような同じ住民間の力関係で支配・被支配の構造を作る装置はなくしていきたい。

注

1 この語を、あえて定義せず一般的な用法として用いている。国籍のいかんに関わらず外国からの来日者を含むことがある。「日本人」についても同様。

2 この用語は取組団体によって多様。「地域の日本語教室」等も同様。

3 日本の旧植民地の半島出身者及びその子孫を便宜的に呼んでいる。

4 国籍に関係なく祖父母、父母のすべて、あるいはいずれかが外国人の場合、このように呼ぶものとする。

5 1997年、国連事務総長報告書では、「通常の居住地以外の国に移動し、少なくとも12か月間当該国に居住する人のこと（長期の移民）」としている。

6 1993年創設、受け入れ認定企業数約38万件、実習生数約40万人（2020年6月）。

7 朝日新聞デジタル（2020年6月26日）「日本政府の強制労働の問題への取組が不十分『人身売買報告で日本格下げ　米国、技能実習生など問題視』」
https://www.asahi.com/articles/ASN6V310NN6VUHBI006.html（2021年8月28日閲覧）
朝日新聞デジタル（2021年3月22日）「外国人受け入れ、韓国の「許可制」とは　日本の実習制度との違いは？　両国事情に詳しい李惠珍さんに聞く」
https://digital.asahi.com/articles/DA3S14841237.html（2021年8月28日閲覧）
しんぶん赤旗電子版（2019年8月11日）「外国人技能実習生7割の職場違反違法残業・未払い・労災隠し」
https://www.jcp.or.jp/akahata/aik19/2019-08-11/2019081101_02_1.html（2021年8月28日閲覧）
などを参照。

8 2010年の研修・技能実習制度の変更を広報する法務省ウェブサイトでも、「低賃金労働者として扱う等の問題が生じており、早急な対応が求められていました」としている。
法務省ウェブサイト「入管法が変わります　新しい研修・技能実習制度　について」
http://www.moj.go.jp/isa/content/930006301.pdf（2021年8月28日閲覧）

9 現滞在国の主流言語等で、日常の生活や活動に用いるために習得を目指しているもの。

10 大阪府在日外国人教育研究協議会（府外教）や大阪市外国人教育研究協議会（市外教）のスローガンだが、府、市の教育委員会等が使用することもある。

参考文献

● 朝日新聞「コロナ禍で失業帰国もできず職探し72人だけ？実習生の現状正確に把握し支援を」東京経済部藤崎麻里「取材考記」(2021年3月18日夕刊)

● 厚生労働省ウェブサイト「「外国人雇用状況」の届出状況まとめ（令和2年10月末現在）」
https://www.mhlw.go.jp/stf/newpage_16279.html（2021年8月28日閲覧）

● 出入国在留管理庁ウェブサイト「令和2年末現在における在留外国人数について／在留外国人数」
http://www.moj.go.jp/isa/publications/press/13_00014.html（2021年8月28日閲覧）

● セルジュ・ラトゥーシュ、中野佳裕訳『脱成長』(白水社、2020年)

- 徳田剛・二階堂裕子・魁生由美子編著『地方発外国人住民との地域づくり』（晃洋書房、2019年）

- ピエール・ブルデュー、加藤晴久訳『市場独裁主義批判』（藤原書店、2000年）

- 文化庁ウェブサイト「令和元年度 国内の日本語教育の概要」
  https://www.bunka.go.jp/tokei_hakusho_shuppan/tokeichosa/nihongokyoiku_jittai/r01/pdf/92394101_01.pdf（2021年8月28日閲覧）

- 文化庁ウェブサイト「令和2年度日本語教育実態調査報告書 国内の日本語教育の概要」
  https://www.bunka.go.jp/tokei_hakusho_shuppan/tokeichosa/nihongokyoiku_jittai/r02/pdf/93285801_01.pdf（2021年8月28日閲覧）

- 松尾知明編著『多文化教育をデザインする』（勁草書房、2013年）

- 山田泉「地域社会と日本語教育」細川英雄編『ことばと文化を結ぶ日本語教育』（凡人社、2002年）118-135頁

第7章

「社会統合」に向けた学びの保障とは
―多文化共生社会への壁と課題―

金 侖貞

1. 多文化共生社会をめぐる日本の現状

　2018年12月の入国管理法改正で、日本では「移民社会」にかかわる議論が再び起こるとともに、同時期に発表された「外国人材の受入れ・共生のための総合的対応策」で共生が明示され、どのように多文化共生社会を創っていくのか、改めて重要な課題となっている。しかし、一方では、2016年にヘイトスピーチ解消法が制定されたものの、依然として外国人嫌悪行為は減少していないのも事実である。このような日本の現状を踏まえたとき、「持続可能な」多文化共生をさらに具現化していくためにはいかなる課題が考えられるのだろうか。

　人口減少の課題を抱える国々において、海外から労働力を受け入れることは世界的にみられることであるが、移民の受け入れ方に関しては、アメリカなどの「伝統的な移民国家」、イギリスやドイツなどの戦後移民を受け入れてきた欧州、そして、日本や韓国などのアジアではそれぞれ異なっていた（松尾、2017年）。こういった視点に立ったときに、日本と韓国の場合は、戦前からオールドカマーの存在があったにも関わらず、多文化政策や外国人政策は不在のままで、1990年代以降の外国人労働者の本格的な受け入れ及び国際結婚の増加を受けて、やっと自治体や国による多文化教育や多文化共生の取り組みが始まるといった共通点を有している。むろんそこには相違点

もあり、日本は1960年代・70年代から外国人生徒向けの教育実践や在日コリアンの民族差別撤廃運動が始まり、市民や自治体による先進的な取り組みの蓄積があるのに対し、韓国は市民社会の実践はあるものの、むしろ国による政策づくりが積極的に行われたことが注目される。

　欧州やアメリカなどの国々とは違い、外国人との共生、マジョリティとマイノリティの共生を模索し続けている日本と韓国。本章では、在日外国人が多様化し、外国ルーツの人々も増加している中で、国の総合的な枠組みがまだ示されていない日本社会の課題を、多文化教育の政策化・制度化を進めてきた韓国の事例と比較対照して考えたい。また、多文化共生社会への課題を提示するにあたって、「社会統合」を中心的概念と位置付ける。

　ここにおける「社会統合」は主にドイツが提示したもので、2000年代以降の動きをみると、社会統合は移民だけでなく受け入れ社会も努力が必要であるとするものであり、移民の参加をも大事にしている。単に受け入れ社会に同化（Assimilation）するのではなく、お互いが「互いの文化を尊重して共生するための統合（Integration）」（吉満、2019年;31頁）をするために、きちんと言語習得などの学びの保障を行い、それが外国人の社会参加へとつながっていくという側面があるのである。また、受け入れ社会というマジョリティ側に目を向けていることも、「社会統合」をとりあげる所以である。つまり、マイノリティだけでなく、マジョリティの認識変化、意識変容を求めていることが多文化共生を実現していくには大事であるため、「社会統合」を中心的概念と考えた。韓国では、2000年代以降の多文化政策や関連法律において社会統合を唱えている[注1]。もちろん「社会統合」に対する綿密な検討も求められるが、マジョリティに目を向けること、マイノリティの参加・学びを重要なものと位置付けていることから、本稿では「社会統合」に注目した。

　そして、このような視点は多文化共生[注2]にも通じるものである。多文化共生は、1970年代からの在日コリアンと日本人による民族差別撤廃運動から

生成した概念であり、それは「権利の所有、個々人の多様性の尊重、主体者としての自覚化を踏まえた上で、水平的で開かれた韓国・朝鮮人と日本人の共生、ひいては、国籍や人種、文化の違いを超えての関係性の構築」[注3]であった。従って、多文化共生の生成においても、互いの認識変容やマイノリティの人権・権利保障が非常に重要であった。

　以上のような2つの概念を踏まえ、韓国の多文化教育の制度化を通して日本の課題を提起したい。

2. 韓国の多文化社会への劇的な転換
―その社会的背景―

　韓国で外国人問題が本格的に注目を浴びるのは、国際結婚で入ってきた外国人女性が急激に増えてきた2000年代以降である。日本と同様、オールドカマーとして台湾籍の華僑[注4]が住んでいたが、軍事政権が続いていたこともあり、外国人の権利問題が真正面から取り上げられることはなかった。例えば、華僑には土地の所有権が制限されたり、就職上差別を受けたり、永住資格ができた2002年4月の出入国管理法改正までは、更新の必要な居住という在留資格を持っていたのである。教育に関しても、民族学校を自ら設立して教育を行ってきたこともあり、公教育の中に外国人を視野に入れた施策は長い間不在のままであった。

(1) 韓国の外国人問題をめぐる変化

　華僑中心の在韓外国人の特徴が大きく変わるのは、1990年前後のことである。韓国はドイツやサウジアラビアなどに建設労働者、看護師、鉱員などとして労働者を送り出した歴史があったが、1987年の民主化宣言以降に送

り出し国から受け入れ国へと変わっていく。

　1986年までは主に技術者などの専門職の人々が入ってきたのに対し、1987年以降は製造業や建設業などで人手不足の状況が生まれて労働市場のニーズが高まる一方で、韓国人労働者の賃金が上昇し、労働争議も増加したことが、東南アジア、南アジアなどから外国人労働者が入ってくるプル要因となった。しかしながら、外国人労働者政策はまったくないまま、労働者が増え続けてきたので、政府は1991年から外国人労働者に研修生としての身分を与える「外国人産業研修生制度」を実施、外国人労働者の受け入れを始めた。この研修生制度は、韓国で知識や技術を学んで母国で活用してもらうというものだが、中小企業の労働力不足問題対策でもあった。ただ、あくまでも研修生であって、労働者の位置付けではなかったので、低賃金問題や人権侵害といった様々な問題を孕んだものであった。その後、この研修生制度に加え、2004年には企業が政府に雇用許可書をもらって外国人労働者を雇うという「雇用許可制」が新しく始まった。2007年に研修生制度は廃止され、雇用許可制へと一元化される。

　一方、韓国の外国人問題を考える際に重要なグループの一つに韓国系中国人がある。1990年代に日本で日系人が増えたのと同じく、1992年の中国との国交正常化により、多くの韓国系中国人が親族訪問で入ってきた。1999年には在留資格の制限を緩和し、韓国人と同じ権利を付与することを主な内容とする「在外同胞の出入国と法的地位に関する法律」を制定したが、在外同胞の定義から実質的に中国や旧ソ連在住の同胞が含まれないという課題が残っていた。2002年からは国内に縁故（つながり）のある外国籍同胞に8つの分野で就業活動を認める「就業管理制」が始まり、2007年には中国や旧ソ連地域の外国籍同胞に韓国での就労及び出入国が自由となる「訪問就業制」を実施している。韓国系中国人は、呼び寄せによって家族単位で生活し、製造業や介護職、食堂などで従事するだけでなく、起業する人も多く、ソウ

ル市大林洞にはチャイナタウンも形成されている。2020年現在、法務部の統計によると、韓国には全人口の3.9%を占める2百万人の外国人が滞在しており、その中で韓国系中国人は約66万人とされる[注5]。

多くの外国人労働者が韓国社会を多様な領域で支えていたにも関わらず、外国人関連の政策は確立されることはなく、社会的認識も改善しないままであった。かれらは、一時的に「滞在」する存在で、管理の対象とみなされる側面もあったといえる。この状況は2000年代以降に急変する。

（2）国際結婚の増加を受けての韓国社会の変化

韓国で外国人の存在が社会的に「可視化」されるのは、韓国人男性と結婚する外国人女性が増えたことである。日本と同じく農村地域の花嫁不足問題を外国人女性との結婚で解決しようとしたことがその出発点となった。

外国人女性との国際結婚は、韓国系中国人女性との結婚が1990年から進められ、その後東南アジアの女性を対象に増加したといわれる。2000年代に入ってからは地方自治体がお見合い事業に取り組んだことで、農村における国際結婚がさらに増えていった。例えば、2007年に国際結婚費用を支援した自治体は3つの広域自治体と60の基礎自治体に上り、26の自治体で関連する条例を制定していたという[注6]。

1990年の全婚姻件数（399,312件）の中に国際結婚の割合は1.2%を占めていたのに、2000年になると外国人が妻である場合は6,945件となり、さらに2005年にはその4倍以上の3万件を超えた[注7]。しかし、このような傾向も現在は減少傾向へと転じている。例えば、統計庁の「2020年婚姻・離婚統計」[注8]によると、全婚姻件数21万4千件中国際結婚件数は1万5千件で、そのうち外国人女性との婚姻は1万1千件となっている。もちろん、国際結婚のほとんどが妻が外国人であるケースではあるが、2005年を頂点として国際結婚数は減少し続けているといえる。仲介業者を通した国際結婚はいくつ

かの問題が「露呈」し、政府による取り締まりが強化したことも、減少傾向に影響を与えていると考えられる。

　国際結婚で入ってきた外国人女性は、農漁村に限らず、首都圏にも多く生活し、女性家族部は2009年に多文化家族生涯周期別の支援対策を発表、外国人女性だけでなく、家族構成員にまで支援を拡大した。国際結婚が急増する以前から、結婚で地域に入ってきた日本人の女性たちがすでに韓国社会に根を下ろしていたが、韓国語が学べる公的な場所はほとんどなく、大学付属の語学学校に行くか、市民団体が開く識字教室に通うかしかなかった。それが、韓国社会の人権意識が少しずつ高まる中で、2005年に当時の盧武鉉政権が結婚移住女性の問題を大統領指示課題としたことで、国による制度化が急速に進展することになる。

　2006年4月に発表された「女性結婚移民者家族社会統合支援対策」など、2006年を起点として、その前後に国レベルの政策及び法整備が一気に進んだ。2005年には永住資格を持つ外国人に地方参政権が付与され、2年後には在韓外国人処遇基本法、2008年には多文化家族支援法と、関連法律も制定された。政策の不在から多文化政策の打ち出しへと、2000年代半ばに劇的に転換した韓国社会では、同じ時期に多文化教育政策も確立され、その体系化が図られた。教育部が毎年多文化教育計画を打ち出す一方で、結婚移住女性向けの韓国語教育や育児指導、そして多文化教育講師として活躍できる機会を提供するなど、かつては考えられなかった支援の仕組みが整えられた。

　韓国と日本の双方において、オールドカマーが長い間放置され、しかも不可視化されてきた歴史を有している。しかし、決定的な違いは、日本では市民運動、地域運動として在日コリアンの国籍差別を撤廃する運動が展開し、その成果が積み重ねられており、それが市民社会の力と結合し、ニューカマー外国人の支援に活かされていることである。他方で、韓国では中央集権的な性格が強いだけに、市民社会の努力もあったが、国主導で法整備が進み、

日本と比べて公的体制が整っている状況にある。ただ、その対象が国際結婚
をした女性と子どもに限定され、それ以外の人々は支援の枠外に置かれてい
ることも事実である。つまり、その際、国際結婚家庭で生まれた子どもは、
多文化家庭子女あるいは多文化生徒と呼ばれ、「多文化」は国際結婚、特に
母親が外国人女性であることを指すカテゴリーに限定されるようになった。
これは、子どもが韓国籍であることや、女性たちも法に決められた滞在期間
を満たしたら国籍を取ることが多く、その背景には家父長制があることは否
めない。

　いくらかの限界を抱えながらも、多文化政策の打ち出しや整備は迅速に進
んでおり、こういった国レベルからのアプローチは日本に必要な視点の一つ
である。韓国の多文化教育の制度化はどのように展開しているのか、次節で
詳しくみてみよう。

3. 多文化教育の制度化の試み

　日本の総務省で多文化共生プランが策定された2006年は、韓国でも「多
文化元年」といわれ、従来の社会や教育を変えていく多文化政策の枠組みが
示された。実質的には、国際結婚の増加を受けて出された2006年4月の「女
性結婚移民者家族社会統合支援対策」では、教育から在留資格まで中央政府
間の連携体制が出されていた。そして、この支援対策をきっかけに、多文化
政策は本格化する。

（1）多文化家庭子女教育から多文化教育へ

　支援対策が出された2006年に、教育においても「多文化家庭子女教育支
援対策」が立てられた。この支援対策においては、国際結婚家庭や外国人労

働者、セトミン（北朝鮮から来た人々）の対象ごとに推進課題が出され、児童生徒への直接的な学習支援だけでなく、国及び自治体の協力体制構築、教員研修などが掲げられた。それ以降、毎年支援計画が発表されている。

　いままでに発表された多文化教育支援計画の中で、方向性の転換がみられる2つの計画を取り上げてみたい。一つは、2012年に発表された「多文化生徒教育先進化方案[注9]」である。多様性を理解する創意的なグローバル人材養成をビジョンに、目標にはひとりの生徒も置き去りにしない多文化親和的な学校を創ることが位置付けられた。誰もが「公教育」の中に入っていける体制を整え、また、かれらが持つ特性を活かせるように、韓国語・基礎学力に対する指導や、韓国文化・学校適応だけでなく、バイリンガル教育の活性化、進路・進学指導の強化を課題としている。ストラテジーとして、「グローバル人材」を出しているのは、このカテゴリーに入れない人々を排除する結果につながる恐れはあるが、「疎外階層」とみられがちな「多文化生徒」への見方からの脱却を試みている。一方では、ほかの生徒に対する相互理解教育や教員への支援、保護者対象の教育にも力を入れることが明示されている。

　そして、「公教育」への包摂、グローバル人材としての養成、誰も置き去りにしないという原則が表明されていた2012年の計画から、2020年計画では、より平等・公正の価値が前面に出された。

　2020年2月に発表された「スタートを平等にするための2020年多文化教育支援計画」は、教育機会の保障を一層強調したのが特徴である。これは、2018年に教育部の中に教育機会保障課が新しく設置されたことの反映でもあろう。どのように教育機会を保障し、学びの格差を解消していけるのかが目標に据えられ、第一の推進課題にスタートを平等にするための教育機会の保障が位置付けられている。2012年の支援計画に初めて出されていた公教育への円滑な編入を進めるための制度のより確実な定着を期して、「実質的に教育を受ける権利を保障」する制度を、法改正や支援体制の強化を通じ

てさらに整備していくことが明らかになっている。また、学びの格差を解消するために、幼稚園段階から支援し、小・中学校に入学・編入学する生徒向けの教育を用意することが示された。スタートを平等にするという方向は、2021年の支援計画にも継承されている。

　韓国の多文化教育政策は、最初国際結婚で生まれた子どもたちが学校教育に入ってきたことを重要な課題と認識し、展開してきたこともあり、いわゆる「多文化生徒」という国際結婚家庭の子どもに焦点が当てられていた。これが、多文化家庭子女教育という初期の多文化教育政策の名称から分かるように、かれらを対象化し、結果的にレッテルを貼り、カテゴリー化してしまう否定的な側面をもたらしていた。この用語の使用は、教育に限ったことではなく、多文化政策の出発点から抱えていた限界を表すものでもあった。それが、多文化家庭子女教育から多文化教育という概念の変化から分かるように、すべての児童生徒を対象としたものであるとの発信をしていることがみてとれる。

　韓国の多文化教育は、教育部と中央多文化教育センターを中心に、主に幼稚園から大学までの子ども・学生及び保護者向けの教育と、女性家族部という結婚移住女性に焦点を当てたものとで成り立っている。この2つのトラックからなる多文化教育はどのように展開しているのだろうか。

（2）2つのトラックから取り組まれている多文化教育

　多文化教育への関心が高まるきっかけが国際結婚で移住した女性であることから、彼女たちを対象とした韓国語や韓国文化に関する教育および養育への支援までが生涯周期に合わせたものとして計画されたのが、女性家族部による多文化家族支援である。結婚移民者女性の支援対策が出された2006年に「結婚移民者家族支援センター」が民間委託などで設置、運営を始めた。2008年に多文化家族支援法が制定されると、多文化家族支援センターへと

名称が変わり、現在は多文化家族支援センターあるいは健康家庭・多文化家族支援センターとして基礎自治体単位での活動が継続されている。

　多文化家族支援センターは、結婚移民者女性とその家族を対象に、韓国語教室や通・翻訳支援、社会適応教育、子どもの言語発達支援をはじめ、バイリンガル環境醸成への支援、就職・起業支援、相談プログラムや家族向けの教育、訪問教育など、幅広い学び・養育支援に取り組んでいる。また、多文化家族支援ポータルサイト「ダヌリ」で日本語やベトナム語、タガログ語などの多言語で全国の多文化家族支援センターについてや教育、生活などの情報提供も行っている。ほかに、結婚移住者自身が母語・母文化を活かしたバイリンガル講師や多文化理解講師として活躍するなど、支援の「担い手」となっている事例もみられる。

　結婚移住女性とその家族を主な対象とした多文化家族支援センターの取り組みは、最初無料で利用できていたが、重複支援に対する批判を受け、現在は世帯の所得に応じた有料化へと転じている。

　一方で、中央多文化教育センターを中心とした多文化教育政策の場合、いわゆる多文化児童生徒に関するものと、すべての児童生徒を視野に入れたものとで構成される。韓国では全体の児童生徒の数は減少しているのに対し、外国につながる児童生徒は増加する傾向で、それは国際結婚家庭や外国籍、呼び寄せのいずれの場合においてもみられている。

　まず、教育機会を実質的に保障するものとして、地域の多文化教育支援センターを通した入学や転入学の手続きを支援するとともに、①幼稚園の段階から生まれる学びの格差を解消するために幼稚園段階での韓国語の診断ツールと教員向けの資料配布、②小中学校に入学あるいは転入学する予定の児童生徒を対象とした準備教育・プログラム運営を行っている。

　そして、韓国語及び基礎学力に対する支援として、①それぞれの児童生徒にあわせた韓国語教育の教材開発とオンライン授業用のコンテンツ制作、②

バイリンガル教育のための教材制作の支援などがある。さらに、2021年度の計画において、多文化教育政策の初期の段階から取り組まれていた大学生をメントとするメントリング制度を使って、学習指導、悩み相談などができるようにしていくことが発表された。外国籍や呼び寄せの生徒の場合は、母語で支援できるようにするという。

　すべての生徒や学校全体を視野に入れた多文化教育政策には、まず、多文化教育政策学校の運営がある。多文化教育政策学校は、すべての生徒に対して学校のカリキュラムに多文化理解教育を行い、韓国語教育が必要な場合には韓国語クラスを設置、運営する学校のことである。2021年の多文化教育支援計画によると、幼稚園では、外国につながる幼児の「言語発達を統合教育の形で支援し、すべての園児と保護者向けの多文化教育」を行い、小中学校では、「教科授業に多文化教育及び世界市民教育の要素を反映して、プロジェクト授業の形で持続的に多文化教育を実施」するとしている。韓国語クラスの場合は、呼び寄せや外国籍の生徒が多くいる場合に韓国語クラスを置き、それぞれの生徒に合わせた韓国語教育に取り組むとしている。これは、多文化教育を推進する上でのモデルを開発し広めるためのもので、今までは多文化幼稚園・多文化重点学校・予備学校と別々になっていたものを、2019年に多文化教育政策学校へと統合した。

　教育課程においては、教科にまたがる学びのテーマとして「多文化教育」を位置付け、年間2時間以上実施することを勧めている。教員向けの教育にも力を入れ、現職教員に対する対象別の研修（一般教員・担当教員・専門教員・学校管理者）だけでなく、教職科目に多文化関連の教科を設け、外国につながる児童生徒への支援を教育ボランティアとして認めるなど、教員をめざす学生を対象とした多文化教育に力を入れている。

　さらに、地域における多文化教育については、広域自治体に設置されている多文化教育支援センターで多文化教育プログラムを行い、文化多様性の理

解や韓国語・韓国文化理解教育、多言語での資料制作及び配布などに取り組んでいる。地域多文化教育は、社会教育事業としては、2001年から始まった疎外階層生涯教育プログラム支援事業や、2006年からの成人識字教育支援プログラムにおいて、外国人学習者が対象の一部に位置付けられたことから出発した。主に外国人労働者対象の韓国語教室や相談支援活動に取り組んでいた市民団体や地域団体が、その延長線上で外国人女性に対する活動もしてきたことに、予算措置をして支援したのである。そして、「第2次生涯学習振興総合計画」（2008年～2012年）に「社会統合のための生涯学習関連機関の参加及び連携」が課題とされ、2009年には「多文化家庭生涯教育プログラム支援事業」を開始、直接支援するものへと変わっていった。

　政策としての多文化教育は、学校教育での当該児童生徒の増加が重要な動因であったが、この時期に「地域」を土台としたものへの捉え返しがみられたのである。それに、ソウル大学に置かれていた中央多文化教育センターが、2012年から国家平生教育注10振興院が指定を受けて運営するようになったこともあり、学校だけでなく、地域や社会教育を視野に入れた多文化教育として、制度の枠組みが整えられている。

(3) 韓国多文化教育の課題

　2006年から本格化した韓国多文化教育政策は、政府によって積極的に推進され、こういったトップダウンによる制度化は一定の成果をあげている。

　しかし、制度化以前から外国人支援にあたっていた市民団体や地域団体の役割が相対的に縮小され、その多文化教育実践が弱体化しているという側面があることも否めない。制度化に向けて現場との協力関係を構築しながら制度の枠組みを考えるといった動きもみられていたが、制度化が進んだいまは、公的部分へとシフトしていったといえる。ただ、外国人支援に対しては、労働運動や地域運動から入っていった民間が支えてきたところも多く、母語

による保育実践など、当事者のニーズを反映した取り組みを先取りして行う事例もあるので、行政と民間の連携を強めていく必要があろう。

　また、多文化政策を積極的に位置付けていた政権から保守政権へと政権が交代したこともあり、多文化政策に対する政府の認識変化があったことも指摘できる。それに、世論の影響もあり、日本で外国人への嫌悪行為が増加しはじめた2010年初頭に韓国でも結婚移住女性への支援が多すぎると、問題視する声があがった。教育部や女性家族部だけでなく、農林水産部、文化体育観光部などからも韓国語教室などの様々な施策が実施され、支援や予算が集中していると批判が起きたのである。この批判を受けて、それ以降、重複支援は次第に調整され、さらに、女性家族部による支援は無料から世帯所得によって有料とするなど、制度の修正が行われた。多文化政策を打ち出していた盧武鉉政権からの政権交代以降は、持続的に政策が取り組まれてはいるものの、政策的イシューに優先順位として位置付けられることはなくなった。しかし、国籍を取得した女性たちが、国会議員や自治体の議員として活躍し、当事者としての「声」を上げるといった流れがみられているのは見落とせない。

　軍事政権からの民主主義の獲得は、人権・権利の重要性にも結びついており、それと関連して特記すべきものとして「国家人権委員会」の存在がある。2001年に制定された国家人権委員会法に基づき、同年11月に発足した委員会である。すべての人々の人権を守ることを目的に設置された国家人権委員会は、人権侵害や差別関連の調査を行い、その是正を求め意見を表明している。外国人への差別是正にも積極的で、このような人権の考え方が多文化政策に直接かつ間接的に据えられている。国民が主権者としての意識、納税者としての意識をしっかりと持つことは日本でもより重要視されるべき視点であろう。

　韓国で多文化をめぐる制度化に取り組み、その成果がいまも継続的・持続

的な実践を可能とする政策的支援が続いていることは大きく評価すべきであり、これこそが日本の課題であろう。

　一方で、韓国の多文化政策、多文化教育政策が取り残している課題があることも忘れてはならない。一つは、多文化概念の変容の問題である。多文化家族支援法における「多文化家族」の定義において、一番に結婚移民者と韓国籍を取得した者で構成された家族があげられており、多文化を外国人女性と結婚した国際結婚家庭と同じ意味として受け取る社会的認識が広がっていった。多文化教育計画において、それは国際結婚で生まれた韓国籍の児童生徒をはじめ、外国籍の児童生徒や韓国人の児童生徒を含むものと定められているにもかかわらず、「多文化」という概念を限定的な意味として捉えている人々が少なくない。

　もう一つは、多文化政策の目標を「社会統合」としながらも、何をもって社会統合とみるのか、その定義がないことの問題である。例えば、多文化家族支援法の第1条の目的に多文化家族構成員の暮らしの質向上と社会統合に資すると掲げながらも、社会統合が何かに関する法規定はないままである。社会統合をどのように想定していくのか、政策展開から15年以上経過したいま、多文化社会としてどこを目指していくのか、社会としての合意を形成していくことが求められよう。

　以上のような韓国の状況を踏まえながら、日本社会に目を向けたときに、共生社会の実現にはいかなる課題が考えられるのか。

4. 多文化共生と「社会統合」

　本節では、ポスト・コロナ社会を見据えながら、これからの「共生」社会の創造を目指して、「社会統合」や学習権の保障、そして、戦略的同化をキー

ワードに、次の課題を提起して、まとめとしたい。

　まず、第一に、マジョリティを巻き込んだ相互認識の変化・変容の必要性である。日本社会における多文化共生を考えたときに、多文化共生は外国人問題であると思われがちである。しかし、外国人と日本人の共生は、外国人だけのことではなく、日本人を含めた日本社会の課題である。従って、多文化共生を日本人も当事者として、自分自身の課題と受け取り考えていく必要がある。それは、マジョリティである日本人の意識を変え、変容していくものであり、多文化共生という課題を対象化して捉えることはもちろん必要であるが、自分自身のものとして捉え直す学びは重要である。その際に、「日本人であること」に目を向ける「日本人性」について付け加えておきたい。つまり、そもそも「日本人であること」が「目に見えない社会の規範を形成し、構造的な特権をもち、あるいは、あるパースペクティブを内面化していることを合意している」[注11]ということを自覚化し、マジョリティの枠組みから社会や教育のあり方を捉え返していくことが求められよう。

　第二に、同じ社会の構成員としての外国人住民の位置付け・認識の重要性である。これは「社会統合」にもつながるもので、外国人を日本社会の構成員だと考える視点である。外国人も地域住民として納税の義務を果たしており、義務だけでなく権利の享受者であるということである。日本社会を担う住民として、まさに「共に生きる地域」を創っていく隣人であるとの認識は、外国人対象の嫌悪行為を減らしていくことにもつながるであろう。

　第三に、学習権の保障という社会教育の価値の捉え返しのことである。1985年にユネスコの国際成人教育会議で採択された「学習権宣言」において、学習権が一部の限られた人々のものではないと明示されたのは記憶に新しい。すべての人々の学習権の保障は、社会教育において大事にしてきた価値であった。それが、外国人であることを理由に学びの機会から排除されることがあってはならない。そして、この視点は、外国人が「社会の主流言語

を習得し」、「メインストリームの中に自らの地位を獲得していく過程で一時的にメインストリームの文脈に自らを同化する」という「戦略的同化」(山田、2018年、43‐44頁)に通じるものである。さらに、こういった学習権の保障は、スタート地点での平等を掲げていた韓国多文化教育政策にみられる「公正」の価値を実現するためにも必要である。まさに、SDGsの目標に掲げられている「不平等の是正」に直接つながるものであり、次の視点とも関連深い。

　それは、コロナ禍の中で露呈した格差の問題である。2019年冬に発生した新型コロナウイルスによって、富や人種間、ジェンダー間の不平等の問題が顕在化している。例えば、2021年1月に出されたOXFAMの報告書は、新型コロナウイルスと同じく、「不平等ウイルス」が世界的に広がっていると指摘している。それは、学びの格差においても同様であり、コロナ・デバイドといわれる格差が問題となっている。ポスト・コロナ社会を考えたときに、新型コロナウイルスで生じた格差の問題をどのように解決していけるのかが、何よりも重要であることはいうまでもなく、社会教育を通して、学びの格差を解消していくことは緊急の課題であるといえよう。

注

1 例えば、韓国では、法務部（日本の法務省）が2009年から韓国語や法律、経済、社会など、移民者が韓国生活に必要な内容を「社会統合プログラム」として開発、導入している。韓国語と韓国文化（0段階~4段階）、韓国社会理解（5段階）で構成され、各自レベルに合った教育段階から参加可能である。プログラムを履修した人は、永住権の取得や帰化申請時などに優遇される。

2 多文化共生という概念に関しては、リリアン・テルミ・ハタノがマイノリティにとって「マジョリティとの共生は…常に直面せざるを得ない『前提』」であるために、「マイノリティまたは社会的に弱い立場に置かれている人たちの側から発した言葉ではない」と、多文化共生のような抽象的なものではなく、切実な要求を掲げるためであると指摘する（リリアン・テルミ・ハタノ「在日ブラジル人を取り巻く『多文化共生』の諸問題」植田晃次・山下仁編著『「共生」の内実―批判的社会言語学からの問いかけ―』三元社、2011年、55-56頁）。多文化共生に対して、このような批判的な視点があり、多文化共生が行政用語としても積極的に用いられ始めた2000年代半ば以降は、危惧する声が少なくないのも事実である。
本稿における多文化共生は、1970、80年代の在日コリアンと日本人の民族差別撤廃運動から創られた「実践的概念」としての「共生」の側面に注目しており、多文化共生概念の「両義性」（多文化共生をどのように実現可能なものとするか―制度化のアプローチを考える―」馬渕仁編『「多文化共生」は可能か―教育における挑戦』（勁草書房、2011年、67-68頁）については認識していることを断っておく。

3 金侖貞『多文化共生教育とアイデンティティ』（明石書店、2007年）175頁

4 韓国では、1992年に中国と国交が正常化される以前は、すべての華僑の国籍は大陸出身であっても、台湾しか認めなかった。従って、オールドカマーの華僑は台湾籍となる。

5 법무부 출입국・외국인정책본부『2020출입국・외국인정책 통계연보』、2021년（法務部出入国・外国人政策本部『2020出入国・外国人政策統計年報』、2021年）

6 김민정「국제결혼과 한국 가족의 부계적 성격」허라금 엮음『글로벌 아시아의 이주와 젠더』도서출판 한울、2011년（キム・ミンジョン「国際結婚と韓国家族の父系的性格」ホ・ラグム編『グローバルアジアの移住とジェンダー』図書出版ハンウル、2011年）pp.262 － 263

7 통계청「보도자료 2010년 혼인・이혼통계」、2011년（統計庁「報道資料2010年婚姻・離婚統計」、2011年）

8 통계청『2020년 혼인・이혼통계』、2021년（統計庁『2020年婚姻・離婚統計』、2021年）

9 「方案」とは、計画という意味である。

10 「平生教育」は、日本の生涯教育に該当する概念である。

11 松尾知明「『ホワイトネス研究』と『日本人性』―異文化間教育研究への新しい視座」『異文化間教育研究』No.22（2005年）23頁

参考文献

● 松尾知明『多文化教育の国際比較―世界10カ国の教育政策と移民政策』（明石書店、2017年）

- 山田泉「『多文化共生社会』再考」松尾慎編著『多文化共生人が変わる、社会を変える』(凡人社、2018年)

- 吉満たか子「ドイツの移民・難民を対象とする統合コースの基本理念と現実」『広島外国語教育研究』22号 (2019年)

- 渡會知子「ドイツ地方自治体における『統合政策』の実践—ミュンヘン市におけるインタビュー調査をもとに」『移民政策研究』第4号 (2012年)

- OXFAM『THE INEQUALITY VIRUS』(2021年)
  https://www.oxfam.or.kr/wp-content/uploads/2021/01/%EC%98%81%EB%AC%B8-
  The-Inequality-Virus.pdf

- 教育科学技術部「다문화학생 교육 선진화방안」2012년3월 (教育科学技術部「多文化生徒教育先進化方案」2012年3月)

- 教育部 (教育機会保障課)「출발선 평등을 위한 2020년 다문화교육 지원계획」2020년 2월 (教育部 (教育機会保障課)「スタートを平等にするための2020年多文化教育支援計画」2020年2月)

- 教育部 (教育機会保障課)「출발선 평등을 위한 2021년 다문화교육 지원계획」2021년 2월 (教育部 (教育機会保障課)「スタートを平等にするための2021年多文化教育支援計画」2021年2月)

- 「政策紹介」韓国中央多文化教育センターウェブサイト
  https://www.edu4mc.or.kr/guide/info.html (2021年8月23日閲覧)

外国ルーツの人々と関わって見えたこと

外国ルーツの子ども達が抱える問題

　東京都新宿区と当団体で協働運営している「外国にルーツのある子どもへの日本語と教科学習教室」と当団体だけで運営する「居場所みんなのおうち」で直接外国ルーツの子や保護者と接し多くの問題を知るに至った。

　以下、それらを①から⑦の項目別に示す。

　[**①日本語学習**]来日した子は不十分な日本語力にも関わらず、多くは日本語学習ではなく教科学習を望む。また日本語力に問題がないと考えられる日本生まれの子は日本語指導を受ける機会がなく、日本語語彙不足があっても小学生期には見えにくく中学生になり学力が伸び悩むことが多く、大きな問題である。いずれの子たちも年齢相当の日本語で文章が書けない。[**②教科学習**]母国での教科学習の経験に左右されるが、日本語での教科学習は困難であり、特に社会や国語は困難を伴う。教科学習の積み上げは、「数学→英語→科学」の順で行っている。[**③教育の問題**]新宿区では外国籍児童生徒の受け入れ問題は改善されたが、入学できても不十分な日本語で授業を受けることが多く、教育を受ける権利が保障されているとは言えない。都立高校受験での「在京外国人枠」は中学生で来日した生徒しか利用できず、それ以外の者は日本語力不足により5教科受験の壁は高く、内申書評価も足を引っ張っている。[**④教室卒業後の道**]教室卒業生には高校中退者が少ないが、高校卒業後の進路は経済力に左右され、奨学金もビザの種類により借りにくく大学進学が阻まれる。就職する卒業生の60%が非正規雇用である。[**⑤家庭の問題**]家庭内暴力は、日本人父親（実父／養父）の偏見から、子や妻に対して行われることがある。また、文化の違いで、躾が体罰という形をとることもある。更には、家庭では学習する場所がなく学習環境が保障されていない。また年少の弟妹の世話や家事を担い学習時間が取れない。親の日本語力が不十分なことで若干日本語ができる子どもが頼られ、子どもの負担が大きい。子どもに経済力ができると子に依存し、子の自立を阻むこともある。また、母語維持を求める親と、望まない子との認識の差があり家族間での分断が起こっている。健康保険未加入の家族もあり、健康を害したときに医療に繋がりにくいという問題もある。

[⑥**経済的問題**] 多くの家庭が生活保護を受給していたり、保護者が複数場所で仕事をしたりしているが、第二世代も不十分な日本語と低所得による貧困の再生産に陥ることが危惧される。[⑦**社会的問題**] 情報不足によって、社会システム（社会保障・税金・国民年金、正規雇用とアルバイトとの違い等）の認識が不十分である。高校を卒業しても家族滞在ビザや公用ビザから就労できるビザへの変更には条件があり、家族滞在ビザからの変更は難しい。また、高卒だけでは高度人材としての滞在は望みが薄い。国は移民という表現を避けているため、外国人対象の社会制度の整備が不十分であり、在日外国人の階層化が起こっている。行政への意見は、日本語で発信できる社会階層に限られ、その結果、貧困層の現状が行政施策に反映され難い。

問題解決を目指して

　2017年8月に新宿区大久保に「居場所みんなのおうち」を設置。外国ルーツの中高生が抱える問題の解決を目指して居場所兼学習の場とし、月・水・金の17時から21時に開いている。毎回15から20人の子どもが利用し、「毎日子ども食堂」を実施し、夕食の提供も行っている。居場所開設で見えてきたことは、教室では見えない家庭状況が窺えることだ。子どもたちは家庭で手作りの食事が少ないようで、「カレーはレトルトではないの？」とか「みんなで食べてなんだか家族みたい」、「家に帰りたくないのでここに泊まりたい」、「親に叩かれる」等の声が聞かれる。これらから、聞いてくれる相手がいないことも分かり、子どもを多角的に見る機会が得られた。

　居場所ができ、保護者からのものも含めて就労、ビザ関係、進路などの相談がいつでも可能になった。

　重要な課題として、日本生まれや年少で来日した子どもの日本語力支援がないことと外国ルーツの青少年の相談場所がないことを指摘しておく。早急に改善すべきである。

小林普子（特定非営利活動法人みんなのおうち代表理事）

夜間中学と自主夜間中学

> 私は夜間中学で、かけ算の九九を習いました。平和の文字とともに、願う心を学びました。漢字で、貧乏と書けるようになりました。矛盾、必要悪、義務、責任等の概念も学びました。そして、私は、九中二部で、親を恨んでも問題の解決にはならないことを、親の後には、社会の大きな流れがあることを、学びました。そして救われました。親を否定することは、悲しく、苦しいことでしたから。

この作文は、夜間中学の卒業生が書いたものだ。彼女は、夜間中学との出会いが、「私の人生の中心点とも成る大切な日」だと振り返る。「卒業し、年月を重ね、様々な出来事に関わり、私が、私であることを求められる時に、その『私』とはいったい何者であるかを手繰り寄せてみると、『私は、夜間中学生』、そこに辿り着きます」と述べる。

夜間中学は、何らかの事情で学齢期に学べなかったひとたちのための公立中学校の夜間学級のことである。学校教育法施行令25条にある「二部授業」を法的根拠として運用されている。作文中の「九中二部」とは、荒川区立第九中学校の二部という意味だ。授業は17時頃から21時頃まで週5日間あり、教員免許を取得している教員が担当する。学校行事や生徒会活動等もある。全課程を修了すれば中学校卒業となる。

その歴史は、現行の義務教育制度発足直後にまで遡る。戦後の混乱期、昼間に働く子どもたちのために、学校現場の熱意と責任感が生みだしたものである。文部省（当時）は、夜間中学設置に対して、1950年代には反対の立場を示したが、その後は黙認してきた。1966年には、行政管理庁（当時）から文部省へ夜間中学の早期廃止勧告が出されたこともあったが、元生徒たちや関係者の存続を求める運動によって、廃止を免れた経緯もある。

夜間中学未設置地域を中心に、自主夜間中学と呼ばれる活動がある。市民によって設立されたボランタリーな学習支援活動で、「公立」に対して「自主」というわけだ。自主夜間中学は、学習権を担保しつつ、その地域の夜間中学増設運動の源泉ともなってきた。さらには、形式卒業者の問題を可視化させたり、送迎や昼間開講など、新た

なニーズを開拓してきたりもした。全国で40団体ほど確認でき、近年新設が相次いでいる。

　自主夜間中学の活動は、制度による縛りがないために、団体ごとに多様である。会場は、社会教育施設等の公共施設を使用している場合が多いが、行政から学校の空き教室を無償提供されている事例もある。開講日数も、月数回から平日週5日間までと幅広い。授業料は、無料か有料でも安価に設定している。スタッフは、教員免許をもつ者もいるが、一般の社会人や学生も活躍している。ほとんどが無給で、交通費さえ支給されない場合もある。

　近年、国は夜間中学の整備に積極的な姿勢に転じた。形式卒業者の夜間中学受入れを認める通知も出した。こうした政策転換の法的根拠となっているのが、2016年12月に成立した教育機会確保法（義務教育の段階における普通教育に相当する教育の機会の確保等に関する法律）である。同7条にもとづいて策定された基本方針には、自主夜間中学についても、「義務教育を卒業していない者等に対する重要な学びの場となっており、各地方公共団体において、地域の実情に応じて適切な措置が検討されるよう促す」ことが示された。

　夜間中学は、2021年4月現在で12都府県に36校、約1600名が在籍している。外国にルーツのある生徒が約8割を占め、日本語学級を設置している学校もある。政府は、5年以内（2026年まで）に全都道府県と全政令指定都市に1校以上の夜間中学設置を表明しているものの、2022年度の開校予定は、わずか4自治体に過ぎない。多くの地域では、夜間中学はおろか自主夜間中学さえない状況が続いている。すべての人に基礎的な教育が保障される社会にむけて、私たちに何ができるか、私たちは何をすべきか。
　　　　　　　　　　　　添田祥史（福岡大学准教授、基礎教育保障学会事務局長）

第IV部
グローバル時代の平和・人権学習、文化多様性とシティズンシップ教育

グローバル化が進む国際社会で1990年代以降、国連、ユネスコを中心に人権・平和・文化多様性をめぐる国際的合意、条約の採択が集中的に進められてきた。国家間の紛争解決、一人一人の尊厳を守り暴力や恐怖にさらされない人間の安全保障のための国際協力が求められている。異なる人種・民族・多様な文化に対して寛容な対話的な社会の構築、国家レベルから地球レベルに視野を広げた国際理解と主体的な市民意識の形成が課題となる。

第IV部ではSDGs目標4、ターゲット4・7のグローバルシティズンシップ、文化多様性、目標16の平和構築と関連するテーマを掘り下げる。第8章では平和・人権学習の展開と核兵器廃絶への国際連帯、次世代継承の課題を考察する。第9章では、市民の学習の自由・文化多様性の尊重にもとづく学びの保障と社会教育施設の課題を探る。第10章では、グローバル化のもとでのシティズンシップ教育の可能性と実践的課題を検討する。

平和の文化の創造と
核兵器廃絶への国際連帯

佐藤一子

1. 恒久平和の希求と平和の文化の創造

（1）人権の尊重と平和の実現にむけた国際連帯

　1946年に制定された日本国憲法前文には、恒久平和を願い「全世界の国民が平和のうちに生存する権利を有する」という国際社会にむけた表明がなされている。同年に採択された「ユネスコ憲章」の冒頭には「戦争は人の心の中に生まれるものであるから、人の心の中に平和の砦を築かなければならない」と記されている。2つの宣言は第二次世界大戦を未曾有の過ちとして反省し、国際平和と諸国民の連帯を呼びかける時代精神を象徴している。

　国際社会では第二次大戦後の東西冷戦から冷戦終結後の民族・地域紛争をめぐる和平の模索の過程で、ユネスコと国連を中心に平和の実現のための国際合意を促す勧告、宣言、条約が採択されてきた。単に国家間の紛争として「戦争」状態をとらえるのではなく、グローバル化する世界における一人一人の人権の尊重、自由と民主主義、文化多様性、対話と相互理解による平和の文化を創る営みへ、「人間の安全保障」という概念が国際的に共有されてきた。SDGs目標16「持続可能な開発のための平和で包摂的な社会を促進」するうえで、人々の生活の安全と人権尊重にもとづき、地域から平和の文化を創り、共生と連帯を広げる過程は、国際社会の平和構築においてもっとも重要な意義をもっている。

ユネスコは1974年に「国際理解、国際協力および国際平和のための教育ならびに人権および基本的自由についての教育に関する勧告」を採択した。人権の尊重を妨げている世界の諸問題の解決にむけた国際協力・国際連帯とそれを切り開く教育のあり方を提起し、「平和・人権・民主主義のための教育宣言」（1994年採択）を経て、国連決議「人権教育のための国連の10年行動計画」（1994年）、「平和の文化に関する宣言」（1999年）、「平和の文化国際年」（2000年）の実現をみた。この過程で、SDGs目標4（ターゲット4.7）の平和及び非暴力の文化の推進、民族・地域間の多様な文化の尊重と相互理解を促すグローバルシティズンシップ教育（GCED）が導かれている。

　各国では1970年代頃から、人権や開発を視野に入れた包括的な平和構築と平和教育が公教育レベルでカリキュラム化されるようになる。これに対して日本では戦後直後から学校教育・社会教育・市民活動を通じて、戦争体験の継承が平和教育・平和学習の中心課題に据えられてきた。第8章では、戦争体験の継承と核兵器廃絶への国際発信を軸とする平和教育・平和学習の展開をあとづけ、戦争を体験した世代の高齢化のもとで次世代にどう継承するのか、グローバル化する社会における平和の文化の創造にむけた国際協力への新たな模索に注目する。

（2）憲法・教育基本法体制と戦争体験の継承

　第二次大戦の凄惨な体験と犠牲を通して、二度と戦争を繰り返してはならないという思いは日本国民の胸に深く刻まれた。教育基本法前文では、「世界の平和と人類の福祉に貢献しようとする決意」を示し、「この理想の実現は、根本において教育の力にまつべきものである」とうたった。憲法・教育基本法制定により、恒久平和をめざし、民主国家の担い手として歴史認識や政治的教養を習得する学習を進めることが戦後日本の公教育の基本理念にすえられた。

しかし、戦後民主化の体制は数年で変容した。1950年に勃発した朝鮮戦争、1951年の旧日米安保条約締結から自衛隊発足（1954年）にいたる再軍備の過程で、戦争放棄と全面講和、恒久平和国家としての日本の独立を求める労働運動や市民運動に厳しい抑圧が加えられた。1947年に結成された日教組に対するレッドパージ、「教育の中立性」を規定した教育二法（1954年）による「偏向教育」の統制などが相次いだ。1950年代半ば以降、「うれうべき教科書」問題から教員の勤務評定、教科書検定制度などによる教育の国家統制が強化され、平和と民主主義を基本理念とする戦後教育改革は形骸化した。

　統制強化に抵抗し、1950年代には平和運動・平和学習が昂揚する。日教組は1951年の中央委員会で「教え子を再び戦場に送るな」のスローガンを採択し、第8回大会で「平和を守る闘い」を目標として「平和教育を第一の研究課題」にすえる。1950年代から60年代にかけて教育運動では「平和を守り、真実を貫く民主教育の確立」が基調にすえられていく。日教組が広島県教組・広島市・総評の協力を得て、8万人を超える広島市民の参加によって1953年に自主制作し、公開した映画「ひろしま」は、被爆の惨状と被爆者の苦悩を描き、平和への国民的願いを被爆者たちが自ら表現したという点で重要な被爆体験の継承であった。

　さらに、1954年のビキニ環礁で行われたアメリカの水爆実験で放射能被爆した第五福竜丸の乗組員の問題をめぐって原水爆禁止署名運動が大きな広がりをみる。東京都杉並区立杉並公民館につどう女性団体など34の団体が参加する杉並婦人協議会が中心となり、原水爆禁止署名運動杉並協議会が発足して公民館長安井郁（当時法政大学教授）が議長となった。「杉並アピール」は杉並区議会の賛同決議を得て区民署名25万人に達し、3か月後に原水爆禁止署名運動全国協議会発足により、全国3千万人を超える賛同署名へと広がった。

　「杉並アピール」は公民館で社会問題を学習する女性たちが声をあげたも

のであり、母体は地域婦人会の読書会「杉の子会」であった。安井は、「多くは普通の家庭の主婦ですが・・・太平洋戦争をきっかけとして起こっている民衆の気持ちの変化、『精神革命』ともいうべきものを、さらに自覚的なものに高めるためには、このような民衆の勉強の組織をつくることがきわめて大切であると思います」と述べ、「地域活動と民衆教育」が平和運動を発展させる重要な支えとなることを示唆している[注1]。

　国際レベルでは、ソ連の核保有、アメリカの水爆実験に始まり、核兵器開発をめぐる危機的な状況が懸念され、1950年にスウエーデンのストックホルムで開かれた平和擁護世界大会（のち世界平和評議会）で核兵器使用の危機を訴えるストックホルムアピールが採択された。1955年には広島で初の原水爆禁止世界大会が開催され、核兵器開発競争の危険性と核戦争の危機を懸念する声は日本と世界を結ぶ国際世論となりつつあった。

（3）民族の独立・平和的共存と平和・人権学習の新たな展開

　1950年代初頭に広島・長崎の被爆者たちが当事者組織を結成して生活擁護・医療措置要求運動を始めた。被爆者たちは健康と生活の安全をおびやかされ、就職や結婚の差別にも苦しみ人権問題も深刻化した。1956年の第2回原水爆禁止世界大会で日本原水爆被害者団体協議会（日本被団協）が結成される。1960年、新安保条約締結反対運動が広がりをみるが、運動路線の対立から分断が生じた。原水爆禁止世界大会開催後に発足した原水爆禁止世界協議会（原水協）はソ連、中国の核実験問題で内部対立が生じ、1965年に原水爆禁止日本国民会議（原水禁）が発足した。日本被団協も活動休止を余儀なくされるが、1960年代後半に入り被爆者援護法の制定、国家補償要求など独自の活動を全国規模で発展させていく。

　キューバ危機からベトナム戦争へと国際社会の緊張が高まり、1960年代末から70年代にかけて、日本国内でも多様な団体・個人による平和運動が

活発化する。平和運動の新たな担い手の形成と国際理解を通じて、1970年代以降、平和学習の質にも変化が表れた。平和学習は新たな段階を迎え、①被害者としてだけではなく、加害者としての痛苦の立場を自覚して強制連行や虐殺事件の教材化、②国内少数の民族権利の擁護と教育、③在日外国人の民族権利の擁護と教育、という3つの方向で議論が深められつつあった。日教組全国教研集会レポートにも民族問題や人権問題へと関心の深まりが示されている^{注2}。戦争体験の継承に際して加害の責任にどうむきあい、中国、韓国、アジア諸国の人々との対話を拓くか、平和学習の批判的視点と新たな歴史認識の形成が問われていた。

　歴史学者の上原専禄（元一橋大学教授、国民教育研究所運営委員会委員長）は、60年代の発展途上地域における植民地の独立の動きに注目し、「民族の独立ということがアジア・アフリカの諸国においてどのように自覚されてきたか」、「民族の独立というこの動き、この闘いこそが、世界平和というものがほんとうに確立されるかどうかの決定的局面を形成する」として、世界と日本と自己、現在と未来をつなぐ「課題化的認識」の方法が重要であると説いている^{注3}。歴史認識と国際理解の方法を問い直し、民族の独立と平和的共存の国際社会を築くことをめざし、平和教育・平和学習の新たな段階が模索されつつあった。

2. 地域から平和の文化を創る学びと市民ネットワーク

（1）国連「国際平和年」と「核兵器廃絶」アピール

　1970年代以降、国連・ユネスコでは世界平和・軍縮が中心課題にすえられるようになった。1968年に国連で核不拡散条約（NPT）が採択され、

1970年に発効した。国連は、核軍備競争による大量破壊兵器拡散を深刻に受け止め、「人類は今日、前例のない自滅の脅威に直面している」「世界戦争—核戦争—の脅威を取り除くことが、今日のもっとも緊急を要する課題である」と国際社会にむけてアピールを発している。1980年代に入ってユネスコは「軍縮教育」の具体化を推進し、国連は1986年を「国際平和年」とすることを宣言した。1989年の冷戦の集結によって核兵器削減の方向に向かうが、NPTに参加しない国の核開発によって核拡散の緊張は高まっていく。国連・ユネスコによる平和への強いメッセージは、広島・長崎、さらには悲惨な戦争体験を継承する活動が活発化していた沖縄、東京をはじめ、全国各地の市民の平和学習・平和運動を促し、自治体レベルの平和都市宣言など、地域から平和のネットワークを広げる新たな動きを生み出した。学校教育の枠組みを超えて、地域・自治体レベルで戦争体験を継承し、市民団体が学校や社会教育と連携して地域から平和学習を広げる機運がつくられていった。

　1977年には全国地域婦人団体協議会と日本青年団協議会が「原水爆禁止運動の統一と国際シンポジウム成功のため」の声明を出し、総評、中立労連、日本生協連、宗教団体等がシンポジウムに参加する。日本被団協は「ヒロシマ・ナガサキをくりかえすな」「被爆者援護法の制定」を表明して全国行動を開始した。

　1985年に発表された「核兵器全面禁止・廃絶のために　ヒロシマ・ナガサキからのアピール」、同年広島市で開催された第1回世界平和連帯都市市長会議（のち平和首長会議）を機に多くの自治体で平和都市宣言・非核平和都市宣言が採択される。広島、長崎、沖縄への修学旅行や国際友好都市との交流、平和博物館の開設など、自治体の独自のとりくみが広がる。学校中心の平和教育から、地域で市民団体が連携し、多様な戦争体験が掘り起こされ、ヒロシマ・ナガサキ、沖縄が平和のネットワークの拠点として意義をもつようになった。1991年に平和首長会議は国連経済社会理事会のNGOに登録

され、加盟都市は国内大半の1734自治体と世界165ヶ国、合計8054自治体（2021年）に達している。

（2）広島市の平和教育・平和学習の再構築

　1945年末までに原爆で14万人の命が失われた広島では、1952年に広島平和記念公園に原爆死没者慰霊碑が建立され、「安らかに眠って下さい　過ちは繰返しませぬから」という誓いの碑文が記された。被爆直後の資料収集をもとに、1955年に広島平和記念資料館が開館した。しかし戦後復興から高度経済成長期に至って、広島でも原爆の記憶を語る機会が少なくなり、被爆者もつらい記憶に口を閉ざすようになった。

　このような状況下で新たな平和学習の実践を切り開いたのは広島県教組と1969年に発足した被爆教師の会の教員たちであった。そのきっかけは1968年におこなわれた市内の小中学生2千人を対象とする「原爆について、どれくらい知っているか」についての調査結果である。原爆投下について学校で習ったという子どもは小学生が12%、中学生で40%程度であった。子どもたちの間で被爆体験が忘れ去られつつあるという現実に直面し、広島県教組は1968年の県教研集会で初めて「平和教育部門」を特設分科会として設置し、1969年には平和教材試案『ひろしま―原爆を考える』を発行する。教科学習だけでなく生徒会やクラブ活動、学校外活動でも平和と人権教育を広げること、直接被爆体験者の問題にとどまらず、胎内被爆者、在日韓国・朝鮮人被爆者、第五福竜丸の被爆、沖縄基地、ストックホルムアピールなど、多様な人々の戦争体験・被爆の苦しみ、歴史認識、国際理解に目を向けることに留意している[4]。被爆の実態、差別・人権、原水爆兵器の危険性、国際平和などの研究を目指して広島県教組は1972年に広島平和教育研究所を設立した。

　広島市教育委員会も子どもたちへの被爆体験の継承が薄れているとの指摘を受けて、1968年に市立学校への平和教育の導入を決め、「原爆教育の手引

き」作成の検討を開始した。全国的な平和学習の関心の高まりのなかで、平和記念資料館の入館者数は1970年代末に110万人を超え、そのうち三分の一以上が修学旅行生であった。1983年には平和記念資料館が被爆体験継承事業を開始し、証言者による被爆体験証言講話が開催された。さらに市内の学校、公民館、地域子ども会などで被爆体験に学ぶ平和学習の推進が広がる。

1993年には市民団体・広島ユネスコ協会などが「原爆ドームの世界遺産化をすすめる会」を発足させて165万人の署名を提出し、衆参両院の承認を得て1996年にユネスコ世界遺産に登録された。子どもたちへの記憶の継承が薄れてきたことに危機感をもった被爆者・市民、教育関係者、平和団体、市の平和推進事業関係者たちが連携し、広島の平和教育・平和学習の新な段階が切り開かれていった。

(3) 地域で戦争体験を継承し、ネットワークを広げる市民の学び

平和を希求する学びは戦争体験の記録・継承、歴史認識、国際理解、人権・社会問題解決学習、そしてより幅広く絵画・音楽・映像などの文化的表現活動においても脈々と受け継がれてきた。全国の自治体・地域レベルの独自のとりくみを通じて、地域の戦争体験を掘り起こし、記録し、それを語り継ぐという市民の平和学習も活発化した。1970年代以降、沖縄戦を記録に残す「1フィート運動」、東京大空襲を記録する会、そして戦前から多数の在日朝鮮人が在住し、1982年に「在日外国人教育方針」を制定して平和・人権教育を社会教育の必須事業に位置づけた川崎市などが注目される。さらにこれらの戦争の記録の収蔵・保存のために公立、民間の平和博物館・戦争資料館が多数設立され、それらを拠点に市民の語り部が子どもたち・若者世代に語り継ぐ戦争体験継承事業も広がっている。

沖縄は第二次世界大戦末期の激戦により、ほぼすべての公文書、記録が焼失した。ベトナム戦争を機に「戦争とは何か」をオーラルヒストリーとして

継承していく県のプロジェクトが始まり、『沖縄県史』に収録される。さらに1983年にアメリカ公文書館に収蔵されていた沖縄戦フィルムを買い取り、沖縄戦の実相を伝えていく「1フィート運動」をすすめるNPO法人「沖縄戦記録フィルム1フィート運動の会」が発足した。30年間に寄付金は8900万円に達し、11万フィート（33.5km、50時間分）を収集して2013年に会は解散した。その後「子どもたちにフィルムを通して沖縄戦を伝える会」が中心となり、沖縄戦の実相を次世代に伝える活動を引き継いでいる。

　1989年に沖縄県女師・一高女ひめゆり同窓会がひめゆり平和祈念資料館（公益財団法人）を設立、1995年には沖縄県公文書館が開館し、戦争体験の記録の系統的な収集も進められてきた。2000年には摩文仁丘平和記念公園（県営）に沖縄県平和祈念資料館が設立され、沖縄戦の体験に学ぶ全国からの修学旅行生の訪問も増大している。

　1945年3月の東京大空襲では10万人以上の犠牲者が出た。1970年にはいって市民たちがその戦災記録を収集保存する活動に着手した。中心メンバーの一人、作家の早乙女勝元が大空襲の戦災被害者を訪ねて話を聞くきっかけとなったのは、教科書裁判の原告家永三郎を招いて開催された地元の講演会であった。家永は、太平洋戦争の記述が暗すぎるために教科書検定で不合格になったいきさつを語った。その時早乙女は、「ほとんど資料らしいもののない東京空襲のおそるべき悲劇は、これから一体どのように人びとに残されていくのだろう。被爆30年を経過したら、記録らしいものは、すべて完全に消滅するのではないだろうか」と危機感をもち、体験者を訪ねて話を聞くようになった^{注5}。

　文化人らの協力をえて『東京大空襲　戦災誌』（全5巻、講談社刊）が1974年に刊行され、さらに「東京大空襲・戦災記念館をつくる会」の活動に発展する。東京の動きに触発されて各地の空襲戦災を記録する会が誕生し、1981年には全国の証言集『日本の空襲』（全10巻、三省堂）が刊行されるに

いたった。2002年に「東京大空襲・戦災資料センター」（公益財団法人）が設立されて早乙女が館長となる。空襲・戦災を記録する会全国連絡会議は、1971年の第1回大会開催以来、毎年各地をまわって大会を開催している。全国各地で空襲被害を受けた経験を記録する市民の活動は、戦争によって多くの国民の命と生活が破壊されたことを歴史の実相・記録として刻むとともに、平和を願う心を次世代に語り継ぎ、各地域の連帯によって今日まで引き継がれている。

　川崎市は軍需産業都市として発展し、強制連行による在日韓国・朝鮮人労働者も多数在住していた。戦争末期の川崎空襲罹災者は10万人に達する。1970年代に川崎市地域女性連絡協議会や平和をきずく市民のつどい実行委員会などを中心に市民の平和への関心が高まり、1982年に「川崎市核兵器廃絶平和都市宣言」が採択された。戦後米軍に接収されていた印刷工場が返還され、跡地を平和公園に整備し、1992年に川崎市平和館が設立されて市民参加のもとで戦争体験を語り継ぐ活動がおこなわれている。

　市の社会教育事業でも地域づくり、平和・人権などの現代的課題を重視し、平和問題の市民講座や朝鮮半島の歴史文化を学ぶ企画を具体化し、1980年代半ば以降には7つの行政区の市民館で平和・人権学習を必須事業として位置づけ、平和・人権講座を継続している。1986年には「川崎市在日外国人教育基本方針—主として在日韓国・朝鮮人教育」が策定される。「市内に居住する外国人に対して教育を受ける権利を認め、これらの人々が民族的自覚と誇りを持ち、自己を確立し、市民として日本人と連帯し、相互の立場を尊重しつつ共に生きる地域社会の創造をめざして活動する」ことを保障するために夜間学級や識字学級、日本語ボランティア養成講座などが開設されることになった[注6]。

　長野県阿智村の満蒙開拓平和記念館でも植民地化の歴史認識・加害の責任を含めた平和学習が主題とされている。戦争体験と歴史認識を通じてアジア

の多民族・多文化共生にむけた国際理解、平和的共存、グローバルシティズンシップの形成が課題となる。地域の戦争体験を子どもや若者世代と共有するとともに、多民族・異なる文化を尊重する多文化共生社会づくりへ発展させていく平和学習の現代的展開が模索されている。

3. 次世代への継承と平和構築にむけた新たな学び

(1) 広島における被爆体験の次世代への継承

　広島市は80年代以降、市の平和推進課と学校・社会教育機関が主体となり、被爆体験者の団体やピースボランティアの会と連携して被爆体験の継承を公共の事業として推進している。学校では8月6日の登校日に地元の被爆体験者が子どもたちに体験を語る、映画を上映する、毎年7月から8月にかけて市内各地の公民館で被爆体験者が証言する、市民が紙芝居を作成して子どもたちに語る、子どもたちが折り鶴を折る、さらには平和を祈念する映画会や音楽会など多彩な平和教育事業がおこなわれている。

　広島平和記念資料館は原爆の実相を伝える中核的な存在である。資料館では学芸課が原爆資料の収集・保存、企画展や資料貸し出しを行うのに対して、啓発課が被爆体験証言者を委嘱し、修学旅行生などへの講話、市内の学校等への証言者派遣による被爆体験講話など、被爆体験継承事業を実施している。資料館が委嘱している被爆体験証言者は35人（2021年）、さらに館内の展示や平和記念公園の慰霊碑等を案内し、解説するピースボランティアを養成して、現在200人以上のボランティアが活動している。ボランティアの研修では英語研修にも力を入れ、年間数十万人来訪する外国人見学者への対応もおこなっている。

2000年代に入り、被爆体験証言者の高齢化により、戦争体験をどう継承するかが大きな課題となってきた。広島市平和推進課と教育委員会が協力して「若い世代に向けての被爆体験の継承」プロジェクトを開始した。小中高校の平和学習を強化し、全市事業として広島・長崎児童生徒平和のつどい、子どもピースサミット、青少年国際未来会議などの開催を通じて児童生徒自らのプレゼンテーション、意見交流の機会を奨励している。中学・高校のピースクラブ、18歳以上の若者を主体とするヒロシマ・ピースフォーラム、公民館での多世代の平和事業など、小中高校、地域、全市レベルにわたって多様な被爆体験継承事業が実施されている。しかし、2010年の児童生徒等の平和に関する意識実態調査では平和への意識・意欲の希薄化が示されており、あらためて「受け身」ではなく主体的に考える系統的な平和教育をどうすすめるか、プログラムの策定や実施の方法が模索されている。

　広島市国際平和推進部平和推進課の新たなプロジェクトとして、2012年に被爆体験伝承者養成事業が開始された。被爆を直接体験していない世代が被爆者に代わって被爆体験と平和への思いを受け継いでいくことを目的として、3年課程の伝承者養成研修（2021年からは2年間に短縮）が企画された。初年度は被爆の実相について講義や講話技術を学び、2年目はマッチングを行った特定の被爆体験証言者の被爆体験を聞き取り、3年目に講話原稿を作成、実演し、認定されると伝承者として委嘱される。当事者の体験を聞き、その思いを自らの思いとして受け止め、伝承するという深い学びの過程である。養成研修への関心は高く、第1期の募集には市内・県内さらに全国から137人の応募があった。講師となった被爆体験証言者は32人、第1期生として56人が伝承者として認定された。2020年度には150人の伝承者が委嘱された。平和記念資料館内で1日2回の被爆体験伝承講話が実施されるほか、市内外に派遣されて講話をおこなっている。

　ある証言者は自分の体験を継承する伝承者10数名のグループで自主研修

会を続けている。歴史認識や国際理解などを学びあい、自らの思いを伝えるとともに、伝承者が「自分の言葉で話す」ことを大切にしてほしいと願っている。被爆体験に限らず、戦争体験あるいは災害の苦しみなどの記憶の継承において、「語る」「伝える」という営みが重みを増しており、「証言者」から「伝承者」への生身の体験的な継承過程のもつ意義はきわめて大きい[注7]。

　もうひとつ次世代継承として注目されているのは、広島市立基町高校創造表現コースの生徒たちが、被爆体験者の話を聞きながら原爆の絵画を制作する活動である。平和記念資料館と基町高校の連携により、依頼した被爆者と生徒が対話しながら約1年間かけて絵を制作する。14年間で150点以上の作品が完成し、証言者の講話に活用されている。美術という専門分野で平和を希求する志をもち、ピースボランティアとして活動を広げる生徒や、教員になって平和のバトンを受け継ぐという進路選択をした生徒など、被爆者と共に描く原爆の絵の制作は着実に次世代形成を促している[注8]

　2010〜20年代は戦争体験の継承を通じて、次世代が主体的に平和の創造を模索する転換期となりつつある。

(2) 核兵器廃絶への国際発信

　2000年代から2010年代にかけて核兵器廃絶への新たな国際的な動きが広がった。広島を訪問したアメリカのオバマ大統領が核兵器のもたらす被害に対する「道義的責任」から核兵器廃絶を提唱してノーベル平和賞を受賞した。「核兵器の破壊的な非人道性」に焦点を当てた議論が赤十字国際委員会、アフリカや南米諸国などから提起され、2013年に核兵器の人道上の影響をめぐる国際会議が開催された。核不拡散条約（NPT）は核保有の不平等と核抑止力、核の傘などの問題を背景に、むしろ核の脅威を高めている。原水爆禁止世界大会には国連軍縮担当、核廃絶を希求する諸国、200以上のNGO等の参加があり、「核不拡散」ではなく「核兵器廃絶」の条約実現への国際

世論が形成されていった。核兵器廃絶を願う被爆者の直接的な声、世界の
NGO、平和首長会議などの署名活動が国連を動かし、コスタリカを中心と
する中南米・カリブ海諸国、オーストリア、ノルウエーなどの核廃絶への動
きとあいまって、2015年に国連作業部会が設置される。

　2017年7月、国連で122カ国の賛同を得て核兵器禁止条約が採択された。
核保有国は条約に反対し、日本政府も反対する事態となった。この条約では
「ヒバクシャ(hibakusya)」と核実験被害者が「受け入れがたい苦痛」を被っ
てきたことに言及し、「いかなる核兵器の使用も国際人道法に違反し、人道
の諸原則・公共の良心に反する」と明言している。条約は2021年1月、52
カ国の批准によって発効した。この過程で国際会議被爆者セッションがたび
たび開催され、広島・長崎の被爆者が発言している。10年間でのべ170人以
上の被爆者が世界各地を訪問し、その証言は核兵器の非人道性を浮き彫りに
した。2017年10月には、国際NGO「核兵器廃絶国際キャンペーン」(ICAN)
がノーベル平和賞を受賞した。受賞式でカナダ在住の被爆者サーロー節子
は、核兵器禁止条約を「核兵器の終わりの始まり」にしようと訴えた。「自
らの苦しみと、生き延びて焦土から生活を立て直すための真の闘いを通じて
私たち被爆者は、この世を滅亡させる兵器について世界に警告を発しなけれ
ばならない、…核兵器開発は、その国の偉大さを高めるのはなく、その国が
暗黒の深みへ転落することを意味しています。このような兵器は必要悪では
ありません。絶対悪なのです」^{注9}。

　東アジアは核兵器の配備をめぐる緊張がもっとも高まっている地域であ
る。日本国内では三分の一を超える地方議会が核禁条約批准を求める意見書
を採択しているが、政府は条約を批准しようとしない。核兵器廃絶という国
民的念願を国レベルで合意できるかどうか、あらためて日本国憲法前文の決
意を21世紀に継承することが問われている。

（3）グローバル化する世界における平和構築と国際協力

　日本とアジアの安全保障とグローバルな連帯をどう構築するかという問題は、SDGs目標16「平和で包摂的な社会」にむけて国家及び国際的なレベルでの「法の支配」を促進する課題に直結する。同時にあらゆるレベルにおける「対応的、包摂的、参加型及び代表的な意志決定」の確保と一体の問題でもある。ヨハン・ガルトゥング（Johan Galtung）が提唱した「積極的平和」（単に戦争がない状態＝消極的平和にとどまらない人権・人間の安全保障）の実現をめざして、グローバル化する世界における平和構築にむけて地域・全国・国際的な努力が促されている。

　近年、戦争体験の継承や平和資料館のピースボランティアなどに加えて広がりをみているのは、高校・大学の生徒会・部活動や若者を主体とするNPOなどによる途上国支援、難民救済、海外からの移住者へのボランティア支援活動などの平和維持活動や国際協力である。広島のNPO法人ANT-Hiroshima（アントヒロシマ）は、「イスラエル・パレスチナ・日本平和をつくる子ども交流プロジェクト」の一環として、広島の高校生がイスラエル、パレスチナの高校生とともに広島の地で互いを知り、交流する機会をもっている。**（コラム⑨参照）**

　人間の安全保障、暴力のない状態を保障する、対話による国際理解など、平和構築にむけて一人一人が足下からできること、参加のネットワークづくりが求められている。人権と国際平和にむけた若者の意見表明、社会参加の多様な道筋を探っていくことが次世代継承の新たな課題といえる。

注	1	安井郁『民衆と平和』(大月書店、1955年) 47-50頁

注

1 安井郁『民衆と平和』(大月書店、1955年) 47-50頁

2 国民教育研究所編『平和教育の理論と実践』(草土文化、1977年) 47頁、59頁

3 上原専禄『国民形成の教育』(新評論、1964年) 53頁、84-92頁

4 広島県教職員組合　広島県被爆教師の会編『未来を語り続けて』(労働旬報社、1969年) 158-165頁、広島県平和教育教材編集委員会他編『ひろしまの平和教育』(広島教育会館出版部、1970年) 参照。

5 早乙女勝元『東京大空襲』(岩波書店、1971年) 215-216頁

6 川崎市社会教育五十年史編集検討委員会『川崎市社会教育五十年史』(川崎市教育委員会発行、1998年) 163-177頁

7 インタビュー「被爆体験の次世代への継承―新井俊一郎・宮本憲久」(聞き手　佐藤一子)『月刊社会教育』No.783 (旬報社、2021年8月) 12-19頁

8 弓狩匡純　協力広島平和記念資料館『平和のバトン』(くもん出版、2019年)

9 サーロー節子・金崎由美『核なき世界を追い求めて　光に向かって這っていけ』(岩波書店、2019年) 182頁

参考文献

● 上杉孝實他編『人権教育総合年表』(明石書店、2013年)

● 川崎哲『新版　核兵器を禁止する』(岩波書店、2018年)

● 志賀賢治『広島平和記念資料館は問いかける』(岩波書店、2020年)

● 竹内久顯編『平和教育を問い直す』(法律文化社、2011年)

● 富田宏治『核兵器禁止条約の意義と課題』(かもがわ出版、2017年)

● 日本被爆者団体協議会『日本被団協50年史』(あけび書房、2009年)

● 東大作編著『人間の安全保障と平和構築』(日本評論社、2017年)

● 最上敏樹『いま平和とは』(岩波書店、2006年)

● 藤田秀雄編『平和学習入門』(国土社、1988年)

● 堀尾輝久他編『平和・人権・環境　教育国際資料集』(青木書店、1998年)

● 山代巴編『この世界の片隅で』(岩波書店、1965年)

● ヨハン・ガルトゥング・藤田明史編著『ガルトゥング平和学入門』(法律文化社、2003年)

第9章

学習の自由・表現の自由・文化多様性を育む博物館

新藤浩伸

1. 社会教育施設と政治的中立

　日本では、学校外の学習文化活動を支える公教育施設として、図書館、博物館、公民館、青少年教育施設・女性教育施設などの環境整備がなされてきた。それらの施設は、後述のように、学習の自由、学習権を保障する目的であることが国際的にも確認されてきた。

　しかし近年、こうした基本認識がおびやかされている。公平・中立に反するという理由による公民館での俳句の館報掲載拒否や講演者キャンセル、2019年のあいちトリエンナーレでの「表現の不自由展　その後」展示中止など、社会教育施設において自由な表現活動が抑圧される、あるいは市民が自ら抑圧してしまうといった事態が続いている。さらに2020年9月には、政府による日本学術会議会員の任命拒否という、学問の自由が政治によりおびやかされる事態すら起きた。これら一連の出来事は、私達が学ぶことの自由の根幹に関わる問題としてとらえる必要がある[注1]。

　博物館や図書館、公民館といった社会教育施設に目を向ければ、このような政治的な問題は慎重に回避されているのが実態であろう。あいちトリエンナーレをめぐる騒動にみられるように、ひとたびそれが主題になった途端、相手を叩き潰すまで「炎上」がやまない。「表現の自由」も時勢や大衆社会的風潮に左右され、萎縮、自己規制へと向かう傾向が否めない。学校外での

学びの場である社会教育施設は、公論形成の場にはなりえず、政治問題や社会問題を慎重に忌避しながら微温的なテーマだけを扱う非政治的な空間へと萎縮しているのが現状ではないだろうか。

　いいかえれば、社会教育において、政治的中立という概念は、政治への多様な関心と議論の喚起ではなく、対立を恐れるあまり政治的無関心、政治問題の回避という意味へと変質してしまったのではないか。そこへの考察なしに、人権や多様性、平和といった理念を扱うことは、重要ではあるが、無関心やさらなる反発を生んでしまいかねない。社会教育施設の基本理念を検討する必要の一方で、その外に広がる人々の心理にも思いを向ける必要がある。

　特に、コロナ以降、他者との交流の機会が減る中で、私たちの他者への想像力はやせ細ってはいないだろうか。非歴史的、非政治的な空間を生きる中で、生物として持つ共感する力や、人間が育んできた抽象的な問題を考える力がすり減ってはいないだろうか。自分という存在が、他者とともに生き、歴史や社会の中で生きる存在であるという感覚が鈍ってはいないだろうか。

　こうした状況の中で、本章では、あらためて「学習の自由・表現の自由」にねざす社会教育施設の可能性について考える。前半では社会教育施設における活動を支える国内外の理念について考えたのち、後半ではそうした理念をかみくだき、社会や歴史への当事者意識を育んでいく社会教育施設の活動のすじみちについて、いくつかの事例をもとに考えたい。

2. 学習の自由・表現の自由・文化多様性と社会教育施設

（1）施設運営原理の国際的共通理解

　人権とは、端的にいえば「人間がただ人間であることにもとづいて当然に

身につけているもの」で、国家によって侵害されてはならず、また保障されるべきものとされる^{注2}。この歴史的所産としての人権に学習活動、文化活動も含まれ、社会教育施設はその人権を保障する機関として位置づけられてきた。

　国際的には、世界人権宣言（1948年）、成人教育の発展に関する勧告（1976年）ユネスコ学習権宣言（1985年）、ユネスコ公共図書館宣言（1994年）、ミュージアムとコレクションの保存活用、その多様性と社会における役割に関する勧告（2015年）などで、学習活動や文化的な生活への参加は一人一人のよりよい生とよりよい社会を形作る基盤であり、人権であること。国民主権という原理の維持発展には、表現の自由の保障が不可欠であること。そして、図書館や博物館等の施設は、人権への敬意を育む場であり、すべての人がアクセス可能な状態におかれ、不利益層へのアプローチを重視し、思想的・政治的・宗教的検閲、商業圧力に屈せずに運営されるべきであることが確認されている。

（2）学習の自由・表現の自由を守り育む

　日本国内でも、これらの原理は制度的にも実践的にも重視されてきた。2020年に刊行された日本社会教育学会年報第64集では、公民館、図書館、博物館といった社会教育施設において、学習の自由と表現の自由は社会教育施設が守り育むべき権利として位置づけられる必要がある、ということを歴史的な視点から提示している。

　「集会、結社及び言論、出版その他一切の表現の自由は、これを保障する。」という憲法21条の文言をあらためて確認すると、集会、結社、言論、出版といった表現活動は、社会教育の多様な領域そのものともいえる。これを大人の学習権として位置づける試みが、社会教育実践の歴史の中でこれまで重ねられてきた。

佐藤一子によれば、従来学習権の問題は、日本国憲法において「学問の自由」と「教育を受ける権利」の条項を中心に立論され、子どもの発達可能性が教育・学習の視点から論じられてきた。それが、2014年にさいたま市で起きた憲法9条を詠んだ市民の俳句が公民館報不掲載となった問題をめぐる訴訟の過程で、第一に、大人の学習権が明確に言及されたこと。第二に、憲法23条の学問の自由とならび、21条の表現の自由が根底にすえられた学習権論が、市民の文化創造を保障する権利として主張されたことが、新たな意義を持つと指摘する。すなわち、俳句掲載は「公民館の利用を通じた社会教育活動の一環としてなされた学習成果の発表行為」であり、「住民の思想の自由、表現の自由が憲法上保障された基本的人権であり、最大限尊重されるべき」であり、「思想、信条を理由に他の住民と比較して不公正な取り扱いをすることは許されない」と、憲法的人権に即した形で不掲載の違法性が判示された[注3]。

　図書館については、日本図書館協会の「図書館の自由に関する宣言」（1954年採択、79年改訂）でも、「基本的人権のひとつとして知る自由をもつ国民に、資料と施設を提供すること」を図書館のもっとも重要な任務とし、資料収集の自由、資料提供の自由、利用者の秘密を守る、すべての検閲に反対するという姿勢を明示している。

　そして、各種施設での障害者サービス、多文化サービス、公民館等の障害者青年学級、外国人のための日本語教室、文化会館における共生の空間をめざす試みなど、弱い立場におかれた人々との共生への学びのよりどころという視点での事業の蓄積がみられる。

　このように、「学習の自由と表現の自由の架橋」をする形で大人の学習権を位置づけていくこと。そして、不利な立場におかれた人々へのアプローチを深めていくこと。これらは教育文化施設の根本原理であり、現代的課題といえるだろう。

（3）文化多様性の理解と促進

　これらの歴史的蓄積に加え、近年ユネスコで論じられている「文化多様性」の理念にも注目したい。学習文化活動は、北田耕也が述べるように個々の自己表現の自由にねざすと同時に、他者の深い理解も必要とする人と人、人と文化の共同の営みである。その理解は、文化は一つではなく多様であるという前提にたつからである。

　2001年ユネスコ第31回総会で、「文化多様性に関する世界宣言」が採択された。これは、世界人権宣言等で確認されてきた一連の人権思想に立脚しながら、文化の幅広い定義の上で、文化多様性を「交流、革新、創造の源として、人類に必要なものである」とし（第1条）、自他の文化の理解、交流の促進等をめざしたものである。

　同世界宣言は、「アイデンティティー、多様性及び多元主義」「文化多様性と人権」「文化多様性と創造性」「文化多様性と国際的連帯」の4つのカテゴリー、全12条で構成される。これをみると、「文化多様性の保護とは、特に少数民族・先住民族の権利などの人権と、基本的自由を守る義務があることを意味している。」（第4条）、「あらゆる思想の言語・表象による自由な交流を確保する一方で、すべての文化が、表現と普及の機会を与えられるよう注意を払わなければならない。」（第6条）など、特にマイノリティを始めとする人々の文化的な表現を保障していくことが、人権の問題として扱われている。

　その後2005年には、より踏み込む形で、「文化多様性条約（文化的表現の多様性の保護及び促進に関する条約）」がユネスコ総会で採択された。「文化的表現の多様性を保護し、及び促進すること」（第1条a）、「自国の領域内で文化的表現の多様性を保護し、及び促進するために国が適当と認める政策及び措置を維持し、採用し、及び実施するための国の主権的権利を再確認すること」（第1条h）などを目的としたもので、映画等の文化産業を保護するための経済政策としての側面も有している[注4]。なお、日本やアメリカは2021

年現在批准していない。

　元ユネスコ職員であったマレン・エルファートによれば、ユネスコは1946年の創設以来、第二次世界大戦という破局の歴史をふまえ、政治的な対立を越えて国際的に共有可能な教育・科学・文化の理念を探り提示することをミッションとしてきた。東西冷戦構造の中での国家間の対立、そして特に近年では経済の論理との対峙といった問題も含みながらも、対話の場、理念を打ち出す機関としての役割は揺らいでいない[注5]。

（4）啓発機関から世界への窓へ

　さて、ここまで述べた理念を、よきもの、与えられたものとして普及啓発するのが社会教育施設の役割だと素朴に考えるのは、冒頭に述べたような理念への反発を再生産しかねない。そうではなく、学習活動を通じて問題に内在する矛盾や論争を許容しながら、地域社会の当事者としてものごとを考え、判断する意識を育んでいく、という役割に注目したい。

　政治的なテーマを学習課題としてどう扱うかは、長らく社会教育の大きなテーマであった。また社会教育に限らず学校においても、論争問題をどう扱い、それを通じて民主主義をどうつくりだしていくか、という議論が続いている。戦後の教育そのものが、政治的対立のなかでかえって脱政治化され、政治を忌避するものになってしまい、教育の再政治化という提唱も小玉重夫によりなされている[注6]。

　社会教育施設においても、様々な文化的表現がなされるなかでしばしば起きる対立や葛藤を、回避するのではなくどう考えるか、という形で政治学習や主権者教育などの問題としてとらえる必要がある。公民館職員の片野親義が「国家と社会教育と公民館」という視点を据えながら地域課題にこだわりぬいたように、各地の施設での学習が、個人やグループの活動から、地域社会や国家の問題を考える方向へと開かれていくことが求められている。

そのためには、政治問題を忌避して個人やグループの関心に自閉するのではなく、目の前の問題から帰納的に、他者や地域、社会について想像力を働かせ、社会や歴史の当事者意識を育む出発点のような空間にしていく試みが必要ではないだろうか。いいかえれば、公民館は小さな地域課題が、図書館は一冊の本が、博物館は一つのものが、私たちを世界へと導く窓にならないだろうか。以下の事例ではそのことについて考えてみたい。

3. 社会教育施設は論争的な問題をどう扱うか
―博物館の海外事例から

（1）博物館のもつ政治性

　国際博物館会議（ICOM）は、ユネスコの関連組織として1946年の創設以来、各国の博物館関係者の対話、交流の場として国際会議を開催してきたほか、博物館の国際的な定義を改訂し続けている。2019年の京都での国際会議では、その定義改訂をめぐり議論が決着することはなかった。出された意見の一つに、博物館の理念を語る際、その政治性、植民地主義的性格をぬきにすることはできない、という途上国からの批判があった。このように、博物館は定まった価値を示すだけの空間でなく、植民地主義などと密接に関わり、定められたように思える価値の政治性を問い直す空間でもある。

　関連して、近年の欧米圏の博物館では、政治問題を忌避するのではなく、むしろ積極的に扱いながら、公論形成の場づくりがめざされている。パウロ・フレイレの教育論などを理論的根拠にしながら、現状に対する批判的意識を育み、地域社会の当事者として生きていくことを支える場所として、展示や教育のプログラムが展開されている。D.E.クローヴァーやK.サンフォードらは、成人教育研究の視点からこうした博物館を多数紹介している[注7]。その一

つとして、アメリカ・シカゴのハルハウス博物館がある。同館は、のちにノーベル平和賞を受賞したジェーン・アダムズが設立したセツルメント施設「ハルハウス」をイリノイ大学シカゴ校内に保存したものである。ここで、女性労働者の歴史の展示としてユニークな試みがなされた。展示の冒頭に置かれたのは1個のスポンジである。どこにでもある市販のスポンジだが、そうであるがゆえに、家事労働を担ってきた無名の大多数の人たちの姿が浮かび上がる。他にも、黒人やアジア系、マイノリティ、難民の女性たちの生き方についての展示や交流を行うイギリスのコミュニティセンター、宗教的な対話を促すスコットランドの宗教博物館、金融危機をもたらした為政者に対する市民のインターネット上での怒りの声やコラージュ画像などを集めたアイスランドの地域センター、戦争という論争的な問題を慎重にとりあげるカナダの戦争博物館、黒人奴隷のリンチという凄惨な地域の歴史に切り込む米ノースキャロライナの博物館など、多くの博物館が論争的な問題に鋭く切り込んでいる。そこには、来館者同士の論争はもちろんのこと、学芸員の葛藤も当然生まれてくるが、こうしたマイノリティや弱者の問題にも博物館は取り組めるということが示されている。

(2) 当事者意識を触発する展示

　筆者が見た限りでも、博物館が政治的な問題を扱う例は多い。たとえばアメリカのニューヨーク市立博物館では、ニューヨークで行われた様々な市民運動や市民活動家、女性活動家の展示がなされている。公民権運動、反核、LGBTといった多様なテーマが扱われる中で、現大統領に選挙で破れた候補者の選挙ポスターなどまで展示される（筆者が訪ねた2018年当時ではヒラリー・クリントン、207頁写真）。#ActivistNYというハッシュタグでウェブ上にメッセージも集められ、政治の問題が歴史に押し込められることなく、現在進行系のものとして参加的な展示がつくられている。

2018年に大規模火災にあったブラジル・リオデジャネイロのブラジル国立歴史博物館では、先住民族、ポルトガル人の入植、黒人奴隷といった様々な歴史が折り重なるブラジルの歴史を、負の側面も含めて描き出すことを試みている。黒人奴隷の移送に使われた首枷などが展示され、静かに鑑賞する黒人来館者の姿もみられた。展示全体の冒頭解説には、ここで示されているのは博物館としての解釈に過ぎず、それは変更の可能性もあることや、自分自身で解釈して考えてほしい、という旨のメッセージが掲げられる。

　印象的だったのは展示の最後である。暗い展示室を自動ドアで出ると大きな鏡があり、来館者自身の姿が映し出される。鏡には「歴史とはそれを創るあなたのことです」といった意味のポルトガル語が書かれている**（次頁写真）**。展示を通じて、私達自身が歴史の作り手であり、当事者であることを、長い歴史の中で自覚することができるという見事なつくりになっている。

　社会教育施設において政治の問題を忌避するのではなく、正面から向き合うことも、慎重な配慮を重ねることで十分可能になる。そのことをこれらの事例は示唆している。

4. 地域社会、歴史の当事者として
―国内事例から

（1）都留文科大学フィールド・ミュージアム（山梨県）

　このような活動は海外のみに求める必要はなく、参加的な博物館活動の蓄積は伊藤寿朗が注目したように日本においてもなされてきた。また、政治的な問題を直接扱うだけが、当事者意識や主権者意識を育む手段でもない。自身の生きる足元の地域社会や自然環境を捉え直したり、歴史を自分ごととしてとらえる契機をもたらすという意味では、大規模な博物館とは異なる、地

ニューヨーク市立博物館
（2018年）

ブラジル国立歴史博物館
（2013年）「歴史とはそれを創
るあなたのことです」

域に身近な博物館の存在意義が重要になってくる。

　山梨県都留市では、都留文科大学を拠点に「都留フィールド・ミュージア
ム」が展開されている。同大学学長を務めていた大田堯により1980年代に
「都留自然博物館」として構想され、「ムササビと森を守る会」を地域で展開
していた同大学の動物学者今泉吉晴とともに築いてきた実践である。現在で
は同大学地域交流研究センターによって、地域住民や地元企業と様々な連携
をとる形で実践が展開されている[注8]。自然に学ぶ（自然環境教育）、農に学
ぶ（食・農・循環の学習）、暮らしに学ぶ（人・町・自然をつなぐ地域研究）

という3つの柱を掲げ、地元NPOとの連携、大学図書館、市立図書館、レストラン、富士急行線都留文科大学前駅構内における展示活動などを、学生主体でかれらが地域の自然や人に学びながら行なっている。

　同大学の学生主体で編まれ、地域で学んだ知恵や生きものの情報を発信する『フィールド・ノート』は100号を越える。そこには、常に新しい何かを求める、という性急さや焦りのようなものはみられない。同じ地域を繰り返し観察することで、地域に息づく人の知恵、生きものの生態をとらえようとする学生のみずみずしい感性と落ち着きをよみとることができる。大学のキャンパスが位置する都留市は、富士山の麓で豊かな湧水に恵まれ、ムササビやカワネズミなど様々な生きものも生息する。都市化、近代化のなかで変化をみせながらそこに生きる人びとの暮らしは、多くが地方出身者である学生たちにとっては、必ずしも特別なものではないかもしれない。しかし、日常のなかにある自然や生きもの、人のくらしをつぶさにとらえようとする活動は、それによって自身の生き方をかえりみることにもつながる。

　大田はこうしたフィールド・ミュージアムを、歴史以前の歴史から人間が生きる地域をとらえ、生命のきずなの中で人間関係を再生していく試みとしてとらえている。「パブリック・アーケオロジー」（市民考古学）の実践にかかわる大田の提起は[注9]、後述の平和の問題も含め、自分ひとりの存在を超えた、多様な生命が息づく場所としての地域の姿を、そして、そのような地域の姿について思いを馳せる場所として博物館が存在しうることを、考えさせる。これら一連の活動は、人々が地域を観察し、深く学ぶ過程で、自身を捉え直し、この地域社会のなかで様々な生命とともに生きていることを確認する実践になっているのである。その過程で、「共生」などの理念も、言葉だけの理解ではなく、みずからのものにできるのではないだろうか。

(2) わだつみのこえ記念館（東京都）

　最後に、筆者も関わる事例として、東京都文京区にある「わだつみのこえ記念館」を紹介したい。

　『きけ　わだつみのこえ』は、全国の戦没学徒の手記を集めた記録として広く読まれている。その手記は長らく活字でしか読むことができなかったが、2006年に記念館が開館したことで、戦没学徒の肉筆に展示で触れることができるようになった。

　1949年に刊行された『きけ　わだつみのこえ』の出発点は、1947年に東大協同組合出版部から刊行された、東京大学の戦没学徒の手記を集めた『はるかなる山河に』にある。終戦直後、占領軍の検閲がありながらも、命が失われたことへのヒューマニスティックな悲しみを基調に編まれ、ベストセラーとなった。それをきっかけに、広く全国に手記を求め、より反戦平和の主張を鮮明にしながら同組合出版部内の日本戦没学生手記編集委員会により編まれたのが『きけ　わだつみのこえ』である。同書刊行翌年の1950年に発足した日本戦没学生記念会（わだつみ会）は、そのあゆみ自体が研究になるほど戦後史のなかで変転をたどってきたが、展示施設を持つことは古くからの念願であった。現在はNPO法人として、公的助成を受けずに入館無料を貫き運営をしている。全国の平和博物館のネットワークなどとも連携しながら、展示の他に刊行物発行やフォーラムの開催なども続けている。

　同館は、広く全国の戦没学徒の手記を収集保存する一方、上記『はるかなる山河に』刊行の経過、そして明治神宮外苑の出陣学徒壮行会（1943年10月21日）で答辞を読んだのが東京帝国大学文学部学生の江橋慎四郎であったことなどから、東京大学との関わりも深い（ただし江橋自身は戦後わだつみ会の活動に関わることはなかった）。そのため、筆者は、東京大学での担当講義「博物館概論」で、受講者に同館を訪ね、レポートを書いてもらうという試みを2013年から続けている。新型コロナウイルス感染症発生後は、

映像による配信も織り交ぜている。2013年当初は、家族の従軍経験を聞いたというレポートも見られたが、徐々にそうした経験談は減り、当事者意識の形も変わりつつある。しかし、直接の経験や伝聞経験だけが真正の経験ではない。そうではない世代がどのように考え伝えていくか、各地で試みがなされているが、筆者自身も模索を続けている。

　戦時下、検閲下の限界状況で書くという自己表現に賭けた戦没学徒たちの思いに迫るには、活字から読み取るべきメッセージもある、と同館副理事長の岡田裕之は述べる。しかし同時に、肉筆の手記が伝える情報は非常に多いとも述べる。持ち歩いていた哲学の文庫本の欄外に書かれた遺書や、海に投げ出されても肌見離さなかったために海水でふやけたノート、当時遺書だけは軍の検閲を逃れたため、家族への思いが率直に綴られた最期の手紙など、肉筆の手記は学徒の肉声に迫る手がかりとなる。学芸員の山辺昌彦も、そうした戦没学徒たちの思いを実物の展示からくみとってほしい、と述べている（2021年6月のインタビューより）。

　こうした博物館訪問は、大学生たちはこれまでの学校教育で受けてきた平和学習の経験の中で、ある意味で慣れており、評価される内容を要領よくまとめる作法を身につけてきた面もあるかもしれない。また、「継承」をうたい続けることで断絶してしまうものへの危惧も福間良明により指摘されている。

　筆者の試みは、そうした平和学習の経験を学びほぐしながら、少しでも当事者として考えてもらいたい、という願いのもとに続けている。前述のブラジルの例にもみたように、博物館は来館者自身が歴史の当事者となるきっかけになりうるのではないかと考えている。なお、学徒出陣は男子学生が対象ではあったが、見送った女子学生の姿も、テレビドキュメンタリーなどで描かれている。記念館には徴用され戦死した朝鮮人学生の展示もあり、来館者や授業受講者には外国人も含まれる。男性中心、日本人中心に描かれがちな学徒出陣の問題だが、今後、ジェンダー的、国際的な捉え方の違いも探って

いきたいと考えている。

5. 理念をみずからのものにする場所

　この社会において、当事者として生活していくためには。そして社会教育施設において問題を自分ごととしてとらえるにはどうしたらよいか。本章はこのことを考えてきた。

　そのためには、第一に、学習活動を支える学習権、表現の自由、文化多様性などの理念を確認すること。第二に、同時に、それらの理念は静態的な所与の価値ではなく、歴史の中で獲得され、これからも学習をつうじて確認が必要な動態的なものであることに意識を向けること。文化の理念はもちろんのこと、SDGsという理念も例外ではなく、与えられる理念を鵜呑みにするのではなく、学習の過程で参加者がつくりあげていくプロセスが重要となる。そして第三に、学習を契機に、この世界は豊かな多様性に満ちており、自分もその一員であるという感覚への筋道をつけていくこと。第四に、この学習のつみあげには参加者間、あるいは人ともの（展示物や生きもの、本など）とのコミュニケーションが重要になる。

　いいかえれば、自由と多様性の原理に基づき、それを学習の資源にしながら、コミュニケーションの過程でそれらの原理、様々な理念をみずからのものにしていくこと。イギリスの成人教育学者のD. ジョーンズが述べたように、学習を通じて、自他の文化の理解を深め、自らの言葉と判断で文化の定義ができるようになっていく。文化は形の定まったものではなく、交流の中での変化と多様性に本質があり、そこにかかわることで自らも変わることができるし、文化も変わっていく。その活動を支えるのが社会教育の課題であり、そのための場所が社会教育施設である。施設は、人が集まり確かな活動

を通じて初めて公的な意味をもちはじめる[注10]。

　最後に、学習活動を担う施設職員の役割、それが困難な職員の厳しい労働環境などに本章では触れることはできなかった。他にも、冒頭に述べた大衆心理や政治意識の現在、さらには表現の自由、民主主義と教育などに関する原理的検討、コロナ禍における集まることの意味の変容など、課題は多い。他日を期したい。

注

1 島田修一「社会教育は時代を拓く「学びの主体づくり」にどう迫るか」『月刊社会教育』No.780（旬報社、2021年5月）50-56頁

2 宮沢俊義「人権宣言概説」高木八尺・末延三次・宮沢俊義編『人権宣言集』(岩波書店、1957年) 17-31頁

3 佐藤一子『「学びの公共空間」としての公民館―九条俳句訴訟が問いかけるもの』(岩波書店、2018年) 34-41頁、同「『国民の学習権・学習の自由』の保障と社会教育内容編成」日本社会教育学会編『日本の社会教育第64集　「学習の自由」と社会教育』(東洋館出版社、2020年) 22-34頁。さいたま市で、「梅雨空に『九条守れ』の女性デモ」と詠んだ俳句が秀句に選ばれたのに公民館だよりに載らず、精神的苦痛を受けたとして、作者の女性がさいたま市に起こした訴訟で、不掲載を違法とした判断が最高裁で確定した事件である。

4 河野俊行「文化多様性」小林真理編『文化政策の現在 1　文化政策の思想』(東京大学出版会、2018年) 239-260頁

5 Maren Elfert "UNESCO's Utopia of Lifelong Learning: An Intellectual History" Routledge, 2017

6 小玉重夫「公共性の危機と教育の課題―教育の再政治化とどう向き合うか」『岩波講座教育　改革への展望 1　教育の再定義』(岩波書店、2016年) 5-25頁

7 Darlene E. Clover, Kathy Sanford, Lorraine Bell, Kay Johnson (eds.), "Adult Education, Museums and Art Galleries: Animating Social, Cultural and Institutional Change" Sense Publishers, 2016

8 北垣憲仁「都留・フィールド・ミュージアム―地域づくりと文化の営み」『月刊社会教育』No.670（国土社、2011年8月）38-43頁

9 大田堯「見沼フィールド・ミュージアムを呼びかける」『大田堯自撰集成 3　生きて―思索と行動の軌跡』(藤原書店、2014年) 189-213頁

10 新藤浩伸「文化的公共空間としてのミュージアム」中小路久美代・新藤浩伸・山本恭裕・岡田猛『触発するミュージアム―文化的公共空間の新たな可能性を求めて』(あいり出版、2016年) 232-243頁、同「文化施設とは何か―建物と人の距離」小林真理編『文化政策の現在 2　拡張する文化政策』(東京大学出版会、2018年) 17-35頁

参考文献

● 伊藤寿朗『ひらけ、博物館』(岩波書店、1991年)、同『市民のなかの博物館』(吉川弘文館、1993年)

● 岡本有佳・アライ=ヒロユキ編『あいちトリエンナーレ「展示中止」事件―表現の不自由と日本』(岩波書店、2019年)

● 片野親義著・発行『国家と社会教育と公民館―職員・研究者・住民の主体形成と実践』(2016年)

● 北田耕也『大衆文化を超えて―民衆文化の創造と社会教育』(国土社、1986年)、同『自己という課題―成人の発達と学習・文化活動』(学文社、1999年)

● デヴィッド・ジョーンズ著、新藤浩伸監訳『成人教育と文化の発展』(東洋館出版社、2016年)

- 日本社会教育学会編『日本の社会教育第64集 「学習の自由」と社会教育』(東洋館出版社、2020年)

- 福間良明『戦後日本、記憶の力学―「継承という断絶」と無難さの政治学』(作品社、2020年)

- ダイアナ・E・ヘス著、渡部竜也・岩崎圭祐・井上昌善監訳『教室における政治的中立性―論争問題を扱うために』(春風社、2021年)

- ハリー・C・ボイト著、小玉重夫監修、堀本麻由子・平木隆之・古田雄一・藤枝聡監訳『民主主義を創り出す―パブリック・アチーブメントの教育』(東海大学出版部、2020年)

- ジョン・ロンソン著、夏目大訳『ルポ　ネットリンチで人生を壊された人たち』(光文社、2017年)

第10章

グローバル時代のシティズンシップ教育

上原直人

1. シティズンシップ概念の変容とGCED

（1）シティズンシップ概念の変容

　シティズンシップという言葉には、政治共同体への帰属をめぐる境界の設定や、メンバーとしての権利と義務などの意味が内包されているように、従来は、国民国家を前提として、個人と国家の関係性に基づいた「形式的な要素」が重視されてきた。ある共同体における完全な成員の地位身分として、市民的権利（言論、思想信条等の個人の自由と関わる権利）、政治的権利（投票と政治家に立候補する権利）、社会的権利（経済的福祉と保障への権利、文化的生活を営む権利等）が段階的に発展してきたというＴ・Ｈ・マーシャルが示した構図はよく知られている。(マーシャル 1993)

　しかし、多文化主義、グローバル化が進展した今日において、一民族一国家という国民国家の枠組みが通用しなくなるとともに、新自由主義の台頭によって福祉国家の解体と再編が進行し、個人・集団と国家・社会の関係は大きく揺らいでいる。それは、若者の政治離れの進行、人々の共同体意識の低下、高度情報化や経済のグローバル化による競争力強化など具体的な課題としてあらわれているといえよう。こうした状況下において、シティズンシップ概念は「形式的な要素」だけでなく、アイデンティティのありようや市民社会（共同体）への参加という「実質的な要素」を含んだものとして捉えら

れるようになっている。

　このように、個人・集団と国家・社会の関係が大きく揺らぎ、シティズンシップ概念の組み換えに直面する中で、20世紀終わり頃から世界各国でシティズンシップ教育が重視されるようになったのである。

(2) SDGsとGCED

　そして、グローバル時代におけるシティズンシップ教育のあり方を考えていく際に指標となるのが、SDG4のターゲット4.7において示されたグローバルシティズンシップ教育（Global Citizenship Education＝GCED）である[注1]。GCEDは、ユネスコが取り組んできた人権・平和教育の流れを汲みつつ、2012年にパン・ギムン前国連事務総長が提唱した「グローバル教育第一イニシアティブ」の中で立ち上げられたものである。

　その後、「グローバルシティズンシップ教育：21世紀の課題に向けた学習者の準備」（2014年）、「グローバルシティズンシップ教育：ローカルに!」（2018年）等によって深化が図られてきたGCEDの理念を端的にまとめれば、「公正で、平和的、寛容的、包括的で安全な持続可能な世界の構築のために、フォーマル教育およびノンフォーマル教育における他者との学びを通じて、ローカル（な観点や当事者性）とグローバル（普遍的な理念）を循環させながら身近なところから問題解決に向けた行動ができる市民の育成を図ること」となる。

　ユネスコが提起したGCEDは、競争を前提とした他のグローバル教育のモデルと比べて明らかに「共生」を志向する人間像に力点がおかれているが、（諸橋・小林 2019）人権にねざし共生を志向するシティズンシップ教育を展開していくことは容易なことではない。それは、現実的な展開（政策化やカリキュラム化）においては、国連やユネスコの文脈だけでなく、福祉国家再編、グローバル経済競争といった社会的および政治的背景も関係してくる

からである。また、人権教育に関しては、日本においても民間レベルおよび行政レベルで一定の蓄積があり、その動向もおさえておく必要がある。

　以下では、人権教育およびシティズンシップ教育の国際的潮流および日本における展開を検討し、人権と生活にねざした社会教育・生涯学習実践としてシティズンシップ教育を展開していくことの重要性を提起する。

2.　人権教育の国際的潮流と日本における展開

（1）人権教育の国際的潮流

　1948年に国連の総会で採択された世界人権宣言によって、すべての人間が生まれながらにして基本的人権を持っていることが初めて公式に認められた。宣言は、身体の自由、思想表現の自由、参政権などの自由権的諸権利と、教育を受ける権利、労働者が団結する権利、人間らしい生活をする権利などの社会的諸権利から構成されているように、いわゆるシティズンシップと関わるものである。その後、国連は、「あらゆる形態の人種差別の撤廃に関する国際条約」（1965年）、「国際人権規約（A規約・B規約）」（1966年）、「障害者の権利に関する宣言」（1975年）、「女子に対するあらゆる形態の差別の撤廃に関する条約」（1979年）、「児童の権利に関する条約」（1989年）など多岐にわたる宣言や条約を採択し、それらは多くの国によって批准されている。

　こうして、基本的人権が各国で重視されるようになっていく中で、人権教育という概念が正面に現れる契機となったのが、1974年にユネスコで採択された「国際理解、国際協力、および国際平和のための教育ならびに人権および基本的自由についての教育に関する勧告」である。勧告では、国際理解教育の核として、平和・人権・民主主義という3つの鍵概念が提起されるとともに、後のGCEDに連なるものとして、シティズンシップの構成要素

である問題解決への参加という視点が打ち出されている点が注目される。(堀尾・河内編 1998)

そして、世界各国における人権教育の推進を促す上で大きな役割を果たしたのが、1993年の世界人権会議（ウィーン）である。各国が批准してきた様々な人権条約を実効性のあるものにするために、国民に対する人権教育の重要性および政府から独立した国内人権機関の必要性が提起され、1995年からの10年間は「人権教育のための国連10年」と定められ、その後も国連は「人権教育のための世界計画」を提唱している。

(2) 日本における人権教育の展開と課題

平和主義、主権在民、基本的人権の尊重を三大原則とする日本国憲法は、国連の考え方と合致するものであり、保障している内容も世界人権宣言の内容と重なっている。学校教育においては、文部省が発行した『あたらしい憲法のはなし』(中学校社会科)もふまえて、また、社会教育においては、戦後新しく設置された公民館を中心に憲法学習が展開されたように、日本における人権教育は、憲法学習とも結びつきながら始まったといえる。

その後、同和教育を通じて先駆的に人権教育が取り組まれ、さらに国際的な動向も受けて、女性問題学習の広がり、児童の権利条約批准運動を通じた子どもの人権への社会的関心の高まりもみられた。そして、人権教育が広く浸透していく契機となったのが、世界人権会議と「人権教育のための国連10年」である。1994年に国際的な人権情報の交流拠点としてアジア・太平洋人権情報センターが開設され、2000年には人権教育・啓発推進法が制定され、人権教育を本格的に推進するための体制が一気に構築された。

法制定を受けて2002年には、「すべての人々の人権が尊重され、相互に共存し得る平和で豊かな社会を実現するためには、国民一人一人の人権尊重の精神の涵養を図ることが不可欠」として、「人権教育・啓発に関する基本計

画」が策定された。女性、子ども、障害者、同和問題、アイヌの人々、外国人などの具体的な人権課題があげられ、地域の特色に即した人権学習が展開し得る可能性が広がり、現在では多くの自治体で様々な補助教材が作成されている。近年、「障害者差別解消法」（2013年）、「ヘイトスピーチ解消法」（2016年）、「部落差別解消推進法」（2016年）など次々と人権施策が制定されており、人権教育の重要性はますます高まっている。

　しかし、人権擁護運動の中で蓄積されてきたものに比べると、フォーマルな教育として行われてきた人権教育は、自尊感情など態度的側面が強く、知的理解の側面や社会的実践力の側面が弱いとされており、このことは、人権教育の推進体制が整備されたものの縦割り的な形で実施され、表面的な人権教育にとどまっていることを意味している。その点で、国境を越えた教育の展開を模索しながら1970年代頃から人権教育の重要性が確認されてきたヨーロッパにおいて、欧州評議会が、2010年に採択した「民主主義的シティズンシップ教育と人権教育に関する欧州評議会憲章」の中で、シティズンシップ教育と人権教育が深く相互に関係するものであることが明示されている点は、日本にとって示唆的である。（神村・森編 2019）

3. シティズンシップ教育の国際的潮流と日本における展開

（1）シティズンシップ教育の国際的潮流

　シティズンシップの「形式的な要素」と「実質的な要素」のどちらに重きを置くかというせめぎ合いは各国でみられる。前者に重きをおく立場は、国民国家が揺らぐ中で、特定のアイデンティティを共有する共同体への責任を強調するという国家主義的な伝統にこだわる。一方で、後者に重きをおく立

場は、投票にとどまらない民主主義への完全な参加、批判的思考力、公正な社会づくりに向けて行動する市民を求めている。そして、シティズンシップ概念をめぐる2つの立場は、以下のように、シティズンシップ教育の展開にも反映されている。

　シティズンシップ教育は各国の歴史的および社会的文脈によって多様な展開がみられるが、大きな構造としては2つの潮流が見いだせる。一方は、大きな政府から小さな政府への転換を図り、市場原理が働く競争社会を生き抜く自立した市民の育成であり、家族、宗教、コミュニティといった伝統的価値観や道徳の強化によるナショナルアイデンティティの形成とも結びついていく側面もみられる。(嶺井編 2007) 他方は、公正で持続可能な平和社会の構築を担う主体の形成でありGCEDの理念とも結びついている。しかし、実際には、2つの潮流が混在しながら、各国においてシティズンシップ教育のカリキュラム化が図られている様相が強い。

　したがって、後者の潮流（GCEDの理念）に力点をおきつつも、近代学校制度が本質的に選別と選抜の機能を有し、また個人が生きていく上で生涯にわたる職業的スキルの修得が重要である点をふまえれば、前者の潮流もふまえつつ、グローバル時代のシティズンシップ教育のあり方を考えていく必要がある。

　先述のようにヨーロッパにおいては、人権教育とシティズンシップ教育の相互の結びつきが重視されてきたが、それは具体的な展開にも見出せる。例えば、伝統的に学校教育において政治的リテラシーの育成が軽視されてきた英国では、「クリック・レポート」(1998年) が契機となり、シティズンシップ教育が必修科目となったが、教育内容を構成する2つの大きな柱が、民主主義的なスキルに重点を置いた政治的リテラシー教育と、平和・多文化・人権といった諸課題に対する認識と価値観を育成する教育となっているように、シティズンシップ教育を構成する要素として明確に人権教育の視点が位

置づいている^{注2}。ただし、実践レベルにおいては、困窮家庭が多く社会的剥奪度の高い地域の学校においては、生活指導や道徳教育に重きが置かれているように、シティズンシップ教育の実施が既存の秩序の固定化や社会的排除につながり得る可能性も孕んでいる。(北山 2014)

(2) 日本におけるシティズンシップ教育の展開と課題

　日本においても1990年代以降、特に学校教育におけるカリキュラム化の観点からシティズンシップ教育への関心が高まったが、代表的なものとして、お茶の水女子大学付属小中学校の「市民」、品川区の「市民科」があげられる。学校によっては、道徳教育、キャリア教育、消費者教育などに矮小化されて実施されているケースもみられるが、近年、ESDの推進拠点として展開されてきたユネスコスクールにおける教育目標としてGCEDが位置づけられ、また、2015年の公職選挙法の改正による18歳選挙権を契機に広がった主権者教育とも結びつきながら振興が図られているように、シティズンシップ教育は着実に広がりを見せている。

　新しい学習指導要領においても、「持続可能な社会の担い手の形成」の重要性が明記されたが、特に関わるのが公民教育の動向であろう。高等学校「公民」の三分野(「現代社会」、「倫理」、「政治・経済」)のうち、「現代社会」が廃止され「公共」が新設されたが、「現代社会」が個や人間を中心に構成されていたのに対して、「公共」は、他者と協働しつつ国家・社会の形成に参画し、持続可能な社会づくりに向けて必要な力を育むことが期待されているように、公や社会に重点が置かれている。主権者教育を担う中核科目としての期待も大きいが、過度に「公共的空間」が強調されることによって、また、「公共的空間」がどう定義されるかによって、人間と社会のあり方について特定の態度や行動を方向づけかねないという懸念もある。(日本公民教育学会編 2019)

こうした懸念は、2006年の教育基本法の改正に端的に示されているように、近年の教育改革においては、公共の精神、愛国心、伝統文化を涵養するための教育を重視することを通じて、ナショナルアイデンティティを強化しようとする意図が明確に見出されるところからくるものである。

4. 「社会化の構想」から「主体化の構想」へ

　シティズンシップ教育が、学校教育において着実に実施されていくことには意義があるが、実施過程、教育内容、教育方法によっては、社会的剥奪度の高い地域においては生活指導や道徳教育を優先せざるを得ないという問題、公や社会が過度に強調されることによって個や人間が軽視されうるという問題、本質に迫らない学習に終わる可能性（先進国と途上国の格差は仕方ない、貧困から抜け出せないのは自己責任であるといった理解で終わる）等の問題が生じ得る。

　このことは、シティズンシップ教育のカリキュラム化においては、既存の社会的・政治的な秩序の再生産にかかわる学習と教育の役割に注目し、既存の秩序に対する個人の適応を強調する「社会化の構想」（ビースタ 2014）に終始してしまう危険性が常に内在していることを意味している。この点に関しては、以下のように、日本の学校教育において一定の蓄積がある人権教育や国際理解教育にも共通する課題である。

　1970年頃からユネスコなどの国際的な議論においてはマイノリティの視点も重視されてきたが、日本においては、人権概念が歴史的に差別されてきた集団との関連で十分に鍛え上げられなかったため、国益やナショナリズムの強調に終始したり（世界の中の日本人らしさ、日本の文化伝統、日本の貢献）、「他者の尊重」や「思いやり」といった道徳的な価値や態度といった理

念的なものに拡散したり、「社会問題化された、差別されているマイノリティの個別の問題」として矮小化されてきたとされる。そして、この問題は、学校教育だけでなく、社会教育・生涯学習の問題でもある。日本における生涯学習施策の展開においては、生涯学習を「自己実現」の手段としてとらえる傾向が強く、人権をふまえて生涯学習推進計画を策定している自治体は少ない。(上杉・平沢・松波編 2013)

　近年、国際的にも、資源や機会を提供する国家の義務に対応する個人の権利であるべき生涯学習が、グローバル経済への要請に応え続けるために、市民に継続して学習にかかわることを要請する国家の権利に転化しつつあるように、生涯学習の個人化とシティズンシップ教育が結びついていく傾向がみられる。日本における近年のリカレント教育強化の流れも、個人の権利よりも、日本的経営の変容（終身雇用・年功序列の弱体化、非正規雇用の増大、中長期的な人材育成の縮小など）からくる産業界および国家側の要請とリンクしている。社会政策としてのリカレント教育の拡充は重要であるが、経済的要請と自己責任に収斂させずに、人権と生活にねざしたものとして展開できるかが問われている。

　自己責任の過度な強調、グローバルな労働市場への適応を基調としたシティズンシップ教育に陥ることを回避するためには、他者との協働的な学びを通して日常生活の実践的なプロセスの中から個人が民主的なシティズンシップを獲得していく「主体化の構想」（ビースタ 2014）として展望していく必要がある。それは、新自由主義とグローバル社会ともリンクする学校教育改革や生涯学習の振興によって、排除と選別が生涯にわたって強化されかねないという危機に対して、人々が市民になるための民主主義の学習の場を、ノンフォーマルな教育としても展望していくことであり、個人の権利や尊厳を尊重する人権教育の視点の重要性を意味している。

　社会教育・生涯学習の文脈に引きつければ、以下2つの視点から展望を描

いていくことが重要であろう。第一が、人権教育を基底にすえたユネスコ等の国際的な成人教育・生涯学習の思想的潮流が、SDSsで位置づけられるGCEDとどのような関係で位置づけられるのかを確認しておくことである。そして、第二が、シティズンシップは学校外において展開される実践においても獲得できる可能性を探求し、カリキュラム論を超えて、学校外における学び、生涯にわたる学びとも接続させていくことである。

5. 「共生への学び」としての シティズンシップ教育を拓く

(1) 成人教育・生涯学習の国際的潮流とシティズンシップ教育

　国際的な成人教育・生涯学習の展開においても、1970年代以降、第三世界の被抑圧的な人々の人権の視点が重視されるようになり、「成人教育の発展に関する勧告」（ユネスコ第19回総会、1976年）はそれが具体化されたものである。そして、「学習権宣言」（第四回国際成人教育会議、1985年）の採択はその歴史的到達点であり、世界各国に存在する多くの非識字者を教育によってエンパワーメントしていく意向が示された。(上杉・平沢・松波編2013)

　こうした人権の視点を継承しながら、1990年代以降、成人教育・生涯学習の観点からも、民主主義社会の鍵としてシティズンシップ教育への関心が高まった。特に重要な位置をしめるのが、「成人学習に関するハンブルク宣言」（第五回国際成人教育会議、1997年）で、成人教育は成人の教育と学習をめぐる権利の対象にとどまらず、民主主義社会の重要なカギとなる活発な市民性（Active Citizenship＝AC）と、社会への完全なる参加のための条件であることが示されている。そして、1998年にユネスコが提起した「21

世紀のシティズンシップ教育」においても、国家が規定する市民権・市民性の枠を超えた新しいシティズンシップ教育の基調となるのが多文化共生、民主的参加、人権概念であり、その教育は知識と実践の相互作用のもと生涯学習として行われるべきであると主張されている。

　こうして、ハンブルク宣言を中核として、ユネスコは、「形式的な要素」としての学習する権利を基底にすえながら、市民社会（共同体）への参加に向けて能動的な市民となるための学習という「実質的な要素」も重視しながら、人権を尊重し民主主義を促進していく方向性を打ち出したといえる。

　しかし、ハンブルク宣言で提起され第六回国際成人教育会議（2009年）のベレン・フレームワーク、さらには2015年の「成人学習・教育に関する勧告」（ユネスコ総会採択）へと継承された成人教育のACの潮流は、SDGsにどこまで反映されているのであろうか。2010年代以降のユネスコのGCEDと関わる各種文書においても、GCEDを成人教育・生涯学習として展開していくという視点は弱い。そして、SDGs4.7も、子ども・若者を中心にすえた学校教育のカリキュラムの課題として打ち出され、また、人権、ジェンダー平等、平和、文化多様性などの諸価値を理解するスキルとして、個人の力量形成に結び付けられている色彩が強い。(近藤 2020) GCEDで重視される諸価値を個々人が身につけるというところにとどめずに、学校だけでなく地域や社会に開かれた場における他者との学び合いの中で探求しながら、社会参加につなげていけるかが重要となる。

　このように、国際的な提言レベルにおいて、社会教育・生涯学習とシティズンシップ教育の結びつきは明示されているものの、現段階でシティズンシップ教育は、学校教育におけるカリキュラム化と連動しながらフォーマルな教育の課題として議論されている様相が強い。しかし、障害者青年学級、女性問題学習、住民主体のまちづくりなど人権擁護や社会参加とも結びついた社会教育実践の蓄積もふまえれば、ノンフォーマル教育の観点からもシ

ティズンシップ教育の展望を描いていく必要がある。

　持続可能な平和社会の構築にむけたシティズンシップ教育の基調となるのが、コミュニティ参加（地域学習、ボランティア学習）、政治リテラシー（政治学習、主権者教育）、他者との共生（国際理解教育、開発教育、人権問題学習）である。以下では、学校内外において展開される子ども・若者の主体的な学びに着目する。

（2）学校教育への期待と可能性

　ユネスコ憲章に示された理念を、学校現場で実践するための実験校として広がってきたのがユネスコスクールである。現在、ユネスコが打ち出している価値教育プログラムは、長年の蓄積がある国際理解教育に加えて、近年重視されてきたESDとGCEDの3つに集約できる。日本政府がユネスコスクールをESDの推進拠点として位置づけてきたことや、GCEDは国民アイデンティティを相対化し弱体化してしまうのではないかという教育関係者の警戒感もあり、GCEDの理念を体現した実践を展開しにくい側面もあるようだが、（小林 2018）これまで取り組んできた国際理解教育およびESDの蓄積をいかして、GCEDと結びついた実践として展開されていくことが今後期待される。

　埼玉県上尾市立上尾東中学校の「グローバルシティズンシップ科」（2015年度から2018年度、文科省の研究開発学校指定）は、中学三年間を通して体系的・継続的に取り組む本格的なものである。「地球市民の一人として、グローバルな視点でものごとを見つめ、多様な価値観や背景を持つ他者と協働できる力量を身に付ける」という目的は、SDGsの基本理念に即したものであり、戦争・平和、国際協力、多文化共生、環境といったグローバルなテーマから、まちづくり、学校づくりといったローカルなテーマまで幅広い学習内容から構成されている。上尾東中学校の取り組みは、GCEDのコンセプ

トに即して、平和、人権、環境等のグローバルな諸課題に対して、ローカル（地域）な視点とグローバルな視点の両面から、多様な他者と協働しながら解決策を考えるといった特徴があり、さらに、学校だけでなく多様な関係機関との連携体制を構築しながら社会に開かれた学びを展開し、教師もファシリテーターとしての役割を果たしているように、社会教育実践としての側面も有している。（松倉 2019）

　一方で、生徒会活動や部活動など教科外活動に着目して、主権者としての生徒を育むことを目指してきたのが長野県立辰野高校の取り組みである。生徒が教職員や保護者と共同しながら学校づくりに参加していくことを通じて、また、地域の人たちと共同して地域づくりをすすめていくことを通じて、シティズンシップが育まれていく大きな可能性がある。（宮下 2016）

（3）地域社会で主体的に学ぶ子ども・若者

　学校教育のカリキュラムとして展開されるボランティア学習は、全て学校側が用意した単発のものが多く、生徒が地域社会の一員であるという感覚を体得するのは難しい。その点で注目されるのが愛知県田原市福江中学校のボランティアクラブ「ドリームの会」である[注3]。中学校が位置する渥美半島の南部が直面している課題は、進学や就職を機に転出した出身者がいつでも安心して戻って来られるような持続可能な地域社会の構築である。地域団体の協力も得て2003年に結成されたドリームの会では、教職員の引率はなく、活動の責任は本人と保護者にあるように、生徒の自主性と地域との信頼関係が重視されている。当初は地域団体を通じて参加者を募集していたが、現在では各団体から直接依頼がくる状況になっている。

　これまで行ってきた活動は、環境ボランティアサークルの活動への参加、校区内の市民館活動への参加、お年寄りのしゃべり場である宅老所での活動など多岐にわたる。現在では、福祉やまちづくりと関わる地域イベントへの

参加、各市民館長・PTA役員と生徒の間で意見交換を行うドリームの会議の開催など、生徒と地域との結びつきはさらに深まっている。生徒は苦労や達成感を経験するとともに、地域の人たちから認められることで、自己肯定感を高めていくきっかけともなっている。

　このように、ドリームの会の活動が、学校教育の一環としての体験活動にとどまるのではなく、自らのコミュニティの生活と関心について学習し、支援的にかかわることで、まちづくりへの参加にもつながり、生徒たちに地域社会の一員としての自覚が芽生えていくことが期待される。

　18歳選挙権の成立を機に注目されるようになった主権者教育は、各地の学校で、選挙管理委員会と連携した取り組みが行われてきたが、選挙制度に関する知識教授、政治的問題や社会的問題とは関係のないテーマでの模擬投票の実施にとどまっているケースも多く、子ども・若者が主権者としての意識をいかにして身につけていけるかが問われている。

　こうした中、選挙時の投票率の低下および若年層の選挙離れという状況に対して、若者目線に立った活動として注目できるのが、全国各地で展開されている高校生から若い社会人で構成される選挙啓発グループの活動である。グループで若者同士が学び合いながら、小中高生向けの模擬投票や出前講座の企画実施、選挙管理委員会と連携した若者向けの選挙啓発動画の作成、選挙時に実施される候補者の公開討論会への参加、政治家との懇談会の企画、政治や社会問題をテーマとした学習会の企画、SNSによる発信など多彩な活動を行っている[注4]。

　子ども・若者の権利が保障され、意思決定が尊重される社会を目指して、子ども・若者のシティズンシップ（市民意識・主権者意識）を育むための学びの空間を創造しているのが、愛媛県を拠点に活動している特定非営利活動法人NEXT CONEXION（以下、NC）である[注5]。

　NCが開校している「よのなかすくーる」は、様々な社会の課題をテーマ

に、討論や発表、意思決定を通じて多様な価値観を学び合う場であるが、そこで出会った中高生たちによって設立されたのがYOUNG CONEXION（以下、YC）である。そして、YCのメンバーが大人の手を借りずに企画・実施しているのが「こどもタウン」である。社会のしくみを小学生に知ってもらうことを目的とした体験学習として、実際の社会を再現している（職業体験だけでなく、仕入れ・融資・販売・納税等の経営についても学ぶ機会としている）。その他にも、政治家や研究者を招いた交流会の企画、中高生の居場所づくりといった活動にも取り組んでおり、YCの活動に参加することを通じて、当事者意識や主権者意識の向上へとつながっていくことが期待される。

　日々の生活やキャリア形成において困難に直面している子ども・若者も多く存在する中で、権利主体としての子ども・若者が、他者と学び合いながら社会とつながり、「他人事」ではなく「自分事」として、ローカルな課題からグローバルな課題を考えていけるような主体の形成を育む地道な取り組みが、学校内外で多彩に展開されていくことが、主体化の構想としてのシティズンシップ教育の可能性を拓いていくものとなるであろう。

注	1	"Global Citizenship Education" の訳語として「地球市民（性）教育」があるが、本章では、グローバル時代におけるシティズンシップ教育のあり方をユネスコや国連の動向にとどめずより広い観点から検討するため、訳語をあてずにGCEDと表記している。

2 しかし、2010年の政権交代以降は、自助と共助の強調と、それによる政府支出の削減と小さな政府への回帰志向が強まり、シティズンシップ教育の新カリキュラムにおいても、政治的市民の育成や社会的公正志向を伴った能動的シティズンシップの構想は後退している。北山夕華「シティズンシップ教育の保守的転回」『Voters』No.61（2021年4月）。

3 ドリームの会の活動に関しては、田原市関係者による提供資料を参照している。

4 （公財）明るい選挙推進協会発行の雑誌『Voters』には多様な実践が紹介されている。

5 NEXT CONEXIONおよびYOUNG CONEXIONの活動に関しては、『Voters』No.58（2020年10月）、および団体のウェブサイトを参照している。
https://www.nextconexion.org（2021年9月19日閲覧）

参考文献

● 上杉孝實・平沢安政・松波めぐみ編『人権教育総合年表』(明石書店、2013年)

● ガート・ビースタ著、上野正道他訳『民主主義を学習する―教育・生涯学習・シティズンシップ』(勁草書房、2014年)

● 北山夕華『英国のシティズンシップ教育―社会的包摂の試み―』(早稲田大学出版部、2014年)

● 小林亮「ユネスコ地球市民教育が追求する能力―グローバル時代における価値教育の新たな展望―」『玉川大学教育学部紀要』第18号（2018年）

● 近藤牧子「SDGs時代の成人学習・教育（ALE）の国際的展開―SDG4.7とアクティブシティズンシップスキルの教育の課題」『日本公民館学会年報』第17号（2020年）

● 神村早織・森実編『人権教育への招待』(解放出版社、2019年)

● 日本公民教育学会編『新版テキストブック公民教育』(第一学習社、2019年)

● 堀尾輝久・河内徳子編『平和・人権・環境教育国際資料集』(青木書店、1998年)

● T・H・マーシャル著、岩崎信彦他訳『シティズンシップと社会的階級―近現代を総括するマニフェスト』(法律文化社、1993年)

● 松倉紗野香「上尾市立東中学校における実践（1）―グローバルシティズンシップ科の設立―」田中治彦他編『SDGsカリキュラムの創造』(学文社、2019年)

● 嶺井明子編『世界のシティズンシップ教育―グローバル時代の国民/市民形成―』(東信堂、2007年)

● 宮下与兵衛『高校生の参加と共同による主権者教育―生徒会活動・部活動・地域活動でシティズンシップを』(かもがわ出版、2016年)

● 諸橋淳・小林亮「地球市民教育（GCED）」北村友人・佐藤真久・佐藤学編『SDGs時代の教育』(学文社、2019年)

広島―この土地で互いに育まれ、
支え合って働く小さなアリたち

　1989年、私は、東田孝昭氏とともに、留学生、就学生の支援活動や平和文化交流を目的とした「アジアの友と手をつなぐ広島市民の会」を立ち上げた。「アジアの架け橋」になりたいとの思いから、こつこつと小さな活動を積み重ね、活動の広がりにともなって、2004年に「ANT-Hiroshima」へ改称、法人化。それ以来、広島の地に根ざしたNGOとして走り続けている。パキスタンのアフガン難民支援など、活動範囲を海外にも広げる一方で、「イスラエル・パレスチナ・日本　平和をつくる子ども交流プロジェクト　in広島」に協力するなど、青少年を対象とした国際交流・平和教育にも力を注ぐ。一人一人の力はアリ（ant）のように小さくとも、世界各国の人々やNGOなどと信頼の絆を結び、協働することで、大きな平和を実現できると信じ、活動を続けて早30年余りの歳月が経った。

　ANTは世代を越えた多様な人々によって支えられている。活動の根底には、広島の「破壊、再生、復興」という経験があり、被爆者の方々の生き様から多くのインスピレーションを得ている。

　主な活動の一つに、「サダコの絵本プロジェクト」がある。被爆による白血病で12歳で亡くなった佐々木禎子さんと、その仲間たちが平和のために行動する物語を描いた絵本『おりづるの旅』（うみのしほ著、狩野富貴子絵、PHP出版）の多言語化と普及である。現在34言語版を制作・所蔵しており、その中にはマイノリティの言語も含む。コロナ禍にあっても、絵本は様々な国でヒロシマのメッセージを届け、人と人を結び、慰め、勇気づけている。絵本の翻訳は、ANTを支えてくださる世界中の仲間たちが、また翻訳シール貼付作業（翻訳した文章をシールにし、一枚一枚、手作業で絵本に貼り付けている）は、10代の高校生から80代の被爆者まで幅広い仲間たちが、無償で引き受けてくれている。国籍や世代を越えた人々が集い、談笑する光景は、事務所ではごく日常だ。

　近年、「平和のために何かしたい」という思いを持って、ANTの扉を叩く若者が増えている。ボランティアやインターンとしてANTの活動に携わりながら、彼らの多くが「自分に何ができるのだろう」と悩み、模索し始める。そんなとき、活動の中で出会う多様な人々との関わりの中から、彼らは自ら答えを見つけていく。

　ラオスに150冊の絵本を届けるために、翻訳シール貼付作業に取り組んだ広島の女子学

絵本『おりづるの旅』のラオス
語版作成に携わったインターン
生

　生は、心を込めて自らの言葉でラオスの子どもたちにメッセージを書いた。彼女はこの作
業に取り組みながら、他のスタッフやインターンたちとの交流を深める中で、一つの夢を
持った。それは、彼女の父親の母国であるインドで、タミール語の絵本を制作し、自らが
インドの子どもたちに絵本を読むことだ。そのためにタミール語を学び始めようとしている。
　また、ANTが進める被爆者の記録製作プロジェクト「ヒロシマ、顔」では、被爆者の方々
の姿と人生をポートレートと文章で構成し、冊子やウェブサイトで発信しているが、現在
2名のインターンの学生が、一対一で被爆者の方のお話を聴き、その人生を文章にまとめ
ようと悪戦苦闘している。その中の一人の女子大学院生は、被爆者の人生を深く知ること
によって、自身の価値観が大きく揺らぎ、「国際政治を学んでいた私の頭でっかちな知識
が、指の間から落ちていくのを感じた」と言う。そして「想像力の大切さを知ったからこそ」
得意な絵を描くことを通して、核兵器廃絶や平和のメッセージを発信し始めている。
　「土徳」という言葉がある。「この土地にお育ていただいている」という意味だ。ANTに
集う私たちは、広島という土地で互いに育まれ、支え合って、1945年8月6日にもたらされ
た絶望を、未来への希望に変えるべく、日々小さなアリの一歩を積み上げている。

渡部朋子（NPO法人ANT-Hiroshima 理事長）

すべての子どもたちに美術とふれあう場を
―府中市美術館の学習プログラム

　東京西部・多摩地区にある府中市美術館は、「市民が、優れた作品の鑑賞や学習、創作及び発表活動を通して美術文化に対する親しみと理解を深め、心豊かな文化的生活を享受できる場となること」を目的として2000年に開館した。そもそも人々の美術への関わり方には、鑑賞だけでなく、自ら創作して発表するという活動もある。市民の美術に対する多面的な要求に応えることを目指して、作品の収集、保管、展示といった美術館の基本的機能とともに、独自の教育普及事業を実施している。美術館の基本テーマは「生活と美術=美と結びついた暮らしを見直す美術館」である。日本と西洋、近世から現代までの美術を幅広く展示し、質の高い美術作品を身近に鑑賞できる美術館を追求すると同時に、「市民や子供の才能と美意識を育む美術館」としてその教育的な活用を一貫して重視してきた。自治体が運営する美術館は、市民生活に密着した活動を展開できるのが強みである。生活圏内にある美術館ということが、「質の高い教育をみんなに」という目標を実現する鍵となる。

　さて、府中市美術館では、教育普及の通年事業として、公開制作、アートスタジオ、美術鑑賞教室を行っている。公開制作とは、プロのアーティストが一定期間、館内の公開制作室に通い、作品を制作するプロセスを公開するもので、全国にあまり例のない事業である。アートスタジオとは、対象も年齢も様々だが、館内の創作室を中心に美術の創作と鑑賞を体験するワークショップ・シリーズのことである。美術鑑賞教室とは、展示室を利用した市立小中学校の児童・生徒を対象とした鑑賞教育プログラムである。市内すべての子どもたちが、小学生で団体鑑賞を行い、中学生で個人鑑賞を行うことで、美術鑑賞を学習する。このように府中市美術館は、子どもを対象とする教育普及活動が盛んであることが大きな特色だ。毎年夏休みには所蔵品を活用した子ども・親子向けの企画展も開催する。他にも市の保育支援課と連携した子育てひろば「はじめてアート」の取り組みも人気がある。0歳児と保護者を対象とした鑑賞と手遊びなどの活動を組み合わせたプログラムだ。府中市美術館は、幼少期から成人するまで発達段階に応じた学習プログラムを提供している。

　しかし、SDGsの教育目標は、障害者、外国人といった社会的マイノリティと言われ

る人々へのアプローチも重視する。近年、様々な美術館において、視覚や聴覚に障害をもつ人々を対象にした鑑賞プログラム、外国人のための多言語化、やさしい日本語の取り組みも試みられているが、府中市美術館においても手探りで進めている状態である。美術館界では、2000年代の構造改革以後、指定管理者制度の導入など「民営化」圧力が高まり、大型展覧会を開くことで入館者数の増大を図ろうとする考え方が強まった。そのため、地道な活動が求められるはずの教育普及はじめ、作品の収集や管理、調査研究は停滞している。集客を優先するならば、マイノリティよりもマジョリティの価値観に訴えかけるほうが、効果的であるからだ。全国美術館会議やICOM（国際博物館会議）でも文化的な多様性を尊重すべきとの議論がなされているが、現場においては事業の成果や運営の効率を求めるあまり、マイノリティの文化は置き去りにされがちだ。行政の自主規制による「表現の自由」に対する圧迫も、マジョリティの方向だけを向いていればよいという姿勢から引き起こされる。文化多様性を前提とした学習環境を実現するためには、いたずらに成果を追い求める集客至上主義からの脱却が必要だといえるだろう。

武居利史（府中市美術館学芸員）

SDGsの先を展望する
共生社会へ向けた生涯学習

丸山英樹

1. 少しずつ良い社会を築く人類

　地球史上、人類は極めて小さな存在であるが、第二次世界大戦後に加速した人類の活動による地球環境への影響は「人新世」と呼ばれる地質時代を想定できるほど大きなものになった。科学者たちは人間中心で発展していては地球がもたないという危機を確信するようになっている。経済活動のグローバル化が顕著となって以降は、生態系の破壊を伴う大量生産と大量消費を土台とした物質的な豊かさが目標とされ、国の経済成長は当然視された。特に東西冷戦終結後、90年代からは民主主義と資本主義が普遍的とされ、中でも市場原理を優先する新自由主義に代表されるように経済の論理が政治を動かし、教育も「無駄を省いた合理化のため、経済成長に資する社会ニーズのため」と、その論理に組み込まれるようになった。こうした状態は、開発の経済的側面が重視されたグローバルサウスでも基本的に同様であった。

　経済成長と自然保護の関係は相反するように捉えられがちで、70年代から環境保全の重要性が指摘されていたにもかかわらず国際的アジェンダとして強く共通に認識されたのは、1992年のブラジルのリオで開催された地球サミットであった[注1]。そこでは、21世紀に向けて国連は地球環境の危機的予測を共有し、世界中へ「アジェンダ」を問うたのであった。このサミットの5年前、1987年には国連に設置された環境と開発に関する世界委員会

が『地球の未来を守るために（Our Common Future)』（通称ブルントラント報告書）を刊行し、持続可能な開発を国際的に定義づけた[注2]。持続可能な開発の議論では現在と未来の世代間の公平性だけでなく現世代における公平性をも重視するため、その定義に続いて貧困を克服すべき課題として明記した。これは、持続可能な開発目標（SDGs）が貧困撲滅から始まることにつながっており、17の包括的な目標を掲げるSDGsでは経済成長と環境保全は両立すると捉えている。

　地球史より遥かに短いとはいえ人類史を振り返ると、実際には私たちは少しずつより良い世界を構築してきた。ローマクラブによる『成長の限界』の続編『限界を超えて』では、人類には環境問題に取り組むだけの能力が備わっているため、よりよい社会を実現するために物理的な限界を受け入れることが必要であると示し、課題は必ず乗り越えられるとした（メドウズら1992）。例えば、戦争で犠牲となった人数は減少しており[注3]、地球で人類が生存可能である限界値を示す「プラネタリーバウンダリー」を超えていたオゾンホールもフロンガス規制によって「境界線」以内に収めることに成功している[注4]。漁獲量を維持するために自主的な組織を作り、政府の規制と割当に従った例もある（ヘンダーソン2020：Loc.3362）。新型コロナ感染症は致死率が最も低いパンデミックで（シュワブとマルレ2020：Loc.3514）、2021年11月現在、開発されたワクチンの有効性が見られている。これらのことから、人類の叡智と選択によって、持続可能な世界を実現させる希望があると言えよう。

　だが、ここで重要になるのが人類を含めた自然環境を持続可能とするために、いかなる知恵・知識を選ぶのか、作るのか、受け継ぐのか、という点である。2030年にやるべきことは、SDGsの達成度合いを成績表のようにチェックして、または国別ランキングを見て、一喜一憂することではない。SDGsという共通語を通していかに包摂的な社会を創る事ができたか、すなわち、すべての人が自らの生きる社会へ参画でき何らかの意思決定に関わる

ことができたか、その過程が重要となる。本書は、メディアでスポットライトが当てられる華やかなSDGs活動を描いたものとは言えないが、SDGs以前から継続する参画過程の仕組み・課題・試みを描いたものである。

　この終章では、各章がそのような過程をいかに描き、SDGsと関係しており、少なくともこれからの日本において重要なメッセージを内包するかを整理していく。また、本書で扱えなかったものの、極めて重要な課題についても紹介する。さらに、教育がサステナビリティと直結する教育そのものの価値についてノンフォーマル教育および比較教育学の視点からふりかえる。

2. 生きづらさを感じさせる社会の 課題を描いた

（1）本書が扱った内容とSDGsとの関係

　本書は、万人のための教育（EFA）とミレニアム開発目標（MDGs）における教育を振り返り、SDGsでは教育をフォーマル・ノンフォーマル・インフォーマルなものとして、また「ゆりかごから墓場まで」という学習者の生涯にわたる学習も含めて包括的な教育を認識した序章から始まった。SDGs第4目標は教育分野であるが、他の目標を達成する主体の形成に向けた学習と深く連関しており、ユネスコが1996年に刊行した『学習：秘められた宝（Learning：the Treasure Within）』（通称ドロール報告書）における学習の4本柱のうち「共に生きることを学ぶ」を取り上げ、改めて学習権思想にもとづき持続可能な開発のための教育（ESD）、EFA、グローバルシティズンシップ教育の相互の連関性を扱うことが示されている。グローバルとローカルの両面から課題の共通点と相違点の往還によってSDGsに向き合い、「共生への学び」を拓く導入となっている。

本書の4つの部では、本来ならば独立させた巻とすべき内容を、相互に関連づけ論じた。第Ⅰ部「持続可能な地域づくりとコミュニティ教育」は、環境保全と地域づくりの課題が扱われ、それぞれにおいてノンフォーマルな学習の展開が記述された。第1章では、公害から環境保全へ実践的展開について歴史的レビューが行われ、コミュニティにおける学習が地域住民の主体性を獲得することになると記された。当時の日本の工業化に伴う公害という生活空間への危機を市民と教師・学者が協力して調査し始めた点からも、社会参画の基盤が示された。日本の経験は、他国の人たちと地域にとって示唆深く、現在は経験と知見の共有が図られている。第2章は、コミュニティを基盤とした学習について、3つの国におけるESD実践が紹介された。生活圏での文脈に応じた多様な学習、SDGs以前より行われていた教育を支える思想や実践が紹介された。SDGsの強みとして地球規模課題を分野横断的にみんなで取り組むというイメージが共有されたことが指摘されており、SDGsの「誰一人取り残さない」方針[注5]ならびに「総合性[注6]」へと通じる。

　第Ⅱ部「生きづらさを抱える子ども・若者の自立支援と社会参加」は、社会的格差に苦しむ子ども・若者への自立支援の構築について国内外の実践的展開を捉えた。第3章は、日本の子ども・若者を支える仕組みが崩壊したことを前提とし、行政によるフォーマルな制度と市民組織による若年層への支援を扱った。若者たち自身が学びを通して持続可能な社会を創造する主体となること、すなわち若者の孤立化を回避する支援の仕組みによって若者自身がエンパワーされることが示された。第4章では、欧州連合の若者政策と社会的包摂の実態が描かれ、非正規雇用やニート状態の若者が社会構造の変化によって増えていることを指摘した。その背景には複合的な要因があること、若者政策の例としてイギリスの状況が描かれ、社会的投資としても若者政策の公共性が描かれた。第5章では国際教育協力をふりかえり通学のみが教育ではないことを確認した上で、ノンフォーマル教育・オルタナティブ教

育による若者への学習機会保障と社会における認証を扱った。パキスタンを事例に不就学や離学の若者を支援する制度化を示した。いずれも将来世代に関する内容であり、リアルな課題を扱うSDGsと教育の最前線である。

　第Ⅲ部「多文化共生社会の模索と国際交流」では外国人の識字教育と共に生きるコミュニティの形成がテーマであった。第6章は、外国人移住者に対する地域日本語学習支援活動とマジョリティ側が変わることによる共生社会の構築が課題とされた。これは、2018年末に入管法を改正し事実上の就労ビザである「特定技能」在留資格を設置した日本が、「共生社会」となることを目指すために必要とされる。今世紀の「共生社会」はドイツでかつて言われたような並行社会を指さない。この章は、外国人の学習権の保障さえすれば良いという主張では全く不十分であることを指摘し、同じ空間で生活する者として日本人側の変容を問うた。第7章は、韓国から日本を照射し、多文化共生に向けた「社会統合」を扱い、社会の多数派の変容について論じた。移民がホスト社会に適合させられがちな同化ではなく、移民とネイティブの双方が新たな社会を構築する統合に着目して、水平的な関係性にもとづく共生社会の実現を示唆する論考である。いずれの章も包摂的な社会のあり様を示しており、課題を抱えているのは外国人・移民だけでなく、私たちであることを示した。このような省察的な捉え方が持続可能な社会構築には重要となる。

　第Ⅳ部「グローバル時代の平和・人権学習、文化多様性とシティズンシップ教育」では平和・人権学習、多様な文化の理解、民主的な参加と国際理解をめぐる公教育及び市民的な学習実践について検討した。第8章は、戦争体験の継承と次世代形成の課題、第二次世界大戦後から現在までの日本の人権・平和教育をレビューした。地域から平和の文化を創る動きへとつながる市民ネットワークが平和学習を再構築し、また全国で共有する学びへと発展する様子が描かれた。日本は2022年2月段階では核兵器禁止条約を批准しておらず、しかし広島市は条約批准を求めており、持続可能な社会は国家枠

組によるものでは必ずしもなく、市民の連携に潜在することが分かる。第9章は、表現の自由を前提に社会教育施設の持つ機能、歴史を作る主体形成および不断の努力が扱われた。憲法でも保障されている自由な表現活動は、成人教育・社会教育の観点からは大人の学習権でもある。社会教育施設の社会的機能および論争的な課題の扱い方を示し、そこに関わる者が存在をかけて参加し、また継続的に活動することの重要性が指摘されている。第10章では、形式的な概念ではなく、市民のアイデンティティや社会参加といった実質的概念としてのシティズンシップが明記されおり、人権教育として1948年の世界人権宣言から現在までの議論を振り返る。既存の秩序へ自らを適合させていく社会化より、持続可能な社会をいかに自らが構築するかを捉える主体化が重要となる。国民国家の形成に向けた国民教育が学校で展開された近代化の時代に比して、グローバル化が日本社会の隅々まで影響している現在では、個人を国家へ常に帰着させるには限界がある。国境を越えた課題に対して共通に取り組む際、国家を前提とする国連の限界も明らかになっており、多様でグローバルな連携が求められる。これらの章では、SDGs第17目標が掲げるパートナーシップを扱い、日本には課題があるとされるため[注7]広く関係者と市民が連携する必要性を示している。

　以上、4つの部で網羅された内容はいずれも持続可能な社会構築に向けて極めて重要な示唆を含む。共通点として、価値や尺度が多様化した中で従来どおりの仕組みが機能しにくい状況にあって何らかの万能薬を投ずれば良いという話ではなく、私たち自身が社会を構成する主体となり、小さくも確実な歩みを積み重ねることの重要性を示している。ともすると、SDGsは国際的で普遍的に通用すると捉えられる一方で、本書はそれぞれの地域社会と個人が継続してきた教育・学習活動に重要な意味が込められていることを改めて確認する。こうしたローカルで重要な意味を持つ教育は高度に文脈に依存した形で展開されるため、ノンフォーマル教育と呼ぶことができ、その多様

性および多元的な捉え方による別様の教育（丸山・太田2013：吉田2019）として近代学校教育と同等に重要であることが改めて確認できる。何をもって持続可能な社会あるいは共生社会と呼ぶことができるかを当事者たちが決めることも、その社会の持続可能性を担保することとなるのである。

(2) まだ残る日本の重要課題

　しかし、本書では扱い切れていない課題もあった。日本社会の課題という点からは、特にジェンダーに関する課題と世代間格差について忘れてはなるまい。『2021年ジェンダー格差報告書』で示される国際順位では、トップのアイスランド、156位のアフガニスタンの間にあって、日本は120位である（World Economic Forum 2021）。既に日本のメディアでも頻繁に報じられるが、G7では圧倒的に最下位であり、ともすると男尊女卑と誤解されがちなイスラーム教徒が世界一多いインドネシア（101位）よりも下に位置づく。文化継承は、フォーマルな教育だけでなく、学校で承認される制度以外のノンフォーマル・インフォーマルな教育でも促される。国際企業がすでにLGBTQ+への福祉を当然と捉える中、仮に日本の教育が「伝統的な」女性の性役割を正統な価値観として維持させるために強く機能するのであれば、その教育は持続可能させるに値するものか問うべきであろう。

　世代間格差も十分に論じることができなかった。急速に進む少子高齢化によって年金制度などの仕組みは成立しえないと予測されている日本の場合、若年層の非正規雇用が増え、雇用形態による賃金格差が大きいことから政府も若者支援に動き出したばかりである。少子化の原因を結婚しない若者のわがままと理解する保守派の政治家もいる一方で、希望を見いだせない若者は少なくない。その理由の一つには、気候変動に対する危機感や経済優先の仕組みへの違和感が挙げられる。新型コロナウイルスのワクチン接種も高齢者から始まり、次いで大企業正社員や芸能人で、20代の若者は居住場所でも

職域接種もできないまま接種会場では案内役として働いた。報道では仕事を終えた若者が気ままに外出して感染を拡大させていると過度に一般化された。形式的にいかなる場合でも年上を敬う価値は、次世代へ継承すべきと若者は考えるだろうか。日本社会における少数派としての若者に対して、多数派世代は何を残すことができるのであろうか。

　社会的に疎外されている、あるいは心身の障害を抱えた人たち、また声を上げることができない人たちに対して「努力が足りていなかった」と責め立てる行為は、今は教育成果が個人の努力だけに規定されない[注8]という認識が一般的となり、正当性を失っている。企業で立場のある者や選挙で選ばれた公人が「役立つ人材」のみを前提に社会を動かすと考えているならば、その社会の教育は成功していると言えるのだろうか。これらの動向を直視し、包摂的な社会構築を目指さない限り、日本社会も持続可能になるとは言い難いかもしれない。次節では、SDG 4に含まれるESDからSDGs時代およびその後における共生へ向けた教育・学習を共に考えたい。

3. SDGsとその後に向けて

（1）鏡としてのSDGsと変容的学習のESD

　持続可能な開発のための教育（ESD）は、SDGsより前に「国連ESDの10年（2005-2014)」によって世界各国に伝わった[注9]。日本では主に学校教育と社会教育施設の他、民間施設でも実践が展開された。既に多くの実践書があるため詳細は割愛するが、改めて注意したい点が2つある。一つは「開発」の捉え方で、近代化をふりかえることとなる。もうひとつは、教育が手段としてのみ扱われかねない点で、教育は道具的な役割以上のものであることをここではふりかえる。

第1の点に関して、先進国・途上国の区分、つまり経済成長のみによって
グローバル化社会を捉える意味が今日では小さくなっている。人・モノ・
金・情報の動きが盛んなグローバル化が、社会におけるリスク、伝統、家族、
民主主義へ強く影響しており（Giddens 2002）、2001年の米国9.11事件、
2008年のリーマンショック危機、2010年からの「アラブの春」、2011年の
東日本大震災、2020年からの感染症拡大、2021年の気候変動報告などは、
むしろ近代化の過程で蓄積された課題が顕在化したと捉える方が妥当であ
る。このことは、20世紀の経済成長を中心的に扱う「これまで通り（business
as usual）」という私たちの見方を変える時期にあることを示唆する。

　元来「持続可能な開発（Sustainable Development：SD）」概念には経
済成長の前提が含まれ、先進国の考え方が反映されているため、その代わ
りより中立的な表現「サステナビリティ」を使うことも可能である[注10]。ま
た、SDは社会が経済的・社会的・環境的な目標を目指すための全体的な
（holistic）枠組みを示し、次のように表現もできる。すなわち、SDGsは社
会的に包摂性を持ち、環境に配慮した経済成長を臨む。SDGsの目的達成に
は、これら経済・社会・自然の観点に加えて第4の目的である良い統治が満
たされなければならない（Sachs 2015：2-3）。SDGsを契機に、SDは経済
成長のみを決して意味しないと明確に捉え直すことができる。そのことを
より可視化するのが毎年発刊される『Sustainable Development Report』
である。このレポートは各17目標が各国においてどの程度実現されている
かを示すもので、順位とともに変遷も追うことで各国が自らの課題を判別さ
せる。つまり、SDGsは各国がそれぞれ振り返る・相対化する共通の鏡とし
て2030年まで使うことができるのである。

　第2の点では、環境教育の枠組み[注11]にもとづきサステナビリティにおけ
る・ついて・向けて（in/about/for）教育を展開することである。つまり、
ESDにも経験学習、知識獲得の学習、参画と学習を往還することで、深い

学びが可能となる。ESDに唯一のモデルは無い（Wals & Benavot 2017）ため、ノンフォーマル教育が社会問題解決の万能薬ではないように、特定のESD実践事例がすべての課題を解決することはない。ただし、2030年に向けたESD実践のデザインには深さが求められる。例えば、自然科学と社会科学を超えた学際的で、批判的教育学にもとづき、ローカル知を重視する持続可能な未来へとつなげる教育の形態（Huckle 2004）や、既存システムに適応する教育またはESDを加えて改革する教育ではなく、教育コミュニティを通して「変化としての学習」に関わる変容的な再デザインを行う教育（Sterling 2013）が挙げられよう。いずれも、上から下へ知識が伝達され（transmissive）学校内で完結する従来型の教育ではなく、変化としての（transformative）学習を目指した教育の再設計を意味する。

　環境教育の実践に関連させると、国内では環境教育を価値中立的な「自然体験重視型と環境科学重視型」と価値志向性を帯びた「社会批判的環境教育とコミュニケーション的環境教育」に分類することもできる（今村2009：6-10）。両者は理念をもとに構想された意図的・計画的なフォーマルな教育となり、機械論的な人間観と自然観を基盤としている。他方、環境教育と意識されていないが人間と自然環境との営みを教え学ぶ既存のノンフォーマル・インフォーマルな環境教育も存在する。それは、家庭の中・地域と共同体の暮らしの中・市民が作り上げるものとして捉えることができる。2030年に向けたESDは、グローバルに共有される理念的な教育とローカルに展開されている営みを融合させることになるだろう。

（2）共生への学びを拓く

　そうしたESDによって構築される社会を「共生社会」として、本章の最後に共に生きる部分に注目しよう。本書でもUNESCOの「共に生きる学習」を扱っているが、この時、個人の能力を発達させるだけがESDの成果と限

定すると学習の捉え方としては不十分である。なぜなら、日常空間を生きる者としての心の面も扱い、鯨岡（2016）の記すとおり、その際には生涯にわたる「育てる―育てられる」関係性を視野に入れることが重要となるためである。育てられる者の発達があるところでは、育てる者の発達も必ずあり、それらは同時に進行する。これは、親子の関係性だけでなく、教師や近所の大人など親とは異なる大人と子どもの間における斜めの関係性でも生じると考えられる（Coleman 1990：591）ことから、家族（インフォーマル教育）や学校（フォーマル教育）での関係性のみに限定する必要は全くない。また、このような非対等な関係性だけでなく、対等な関係性である友人同士での学び合い（インフォーマル学習）も学習者本人にとっては極めて重要となる。

　2人以上の主体が「共に生きる」際、必ず一つの関係性が生まれる。その関係性は、互いが欲求を満たそうとし絡み合う結果、良好な状態もあれば、葛藤や緊張などが強い時もある。本人たちの主体性と関係性においては、こうした両義性が常に存在すると前提し、相手の存在や尊厳を認め合う相互主体的な態度が内発的に生じるか否かが重要となる。SDGsおよび持続可能な開発の定義においては、現世代の主体性と将来世代との関係性でも同様である。そこにある両義性は、握手や抱擁に見られる二者の身体のように能動と受動が同時に生じることを指す。そのため、日本の教育が受動的であるという批判は教育の一側面のみを切り取ったに過ぎないと考えることへとつながる。さらに、生涯学習で重視される学習者を中心とする場合、また今日の学習社会を想定すると、現世代の学びが必ず将来世代の学びを拡げると希望的に捉える視座を生み出すだろう。

　一般的に、私たちが集まって構成するのが共同体である。共同体における・による教育と学習は、私たちが共同体を道具または媒体としながら学ぶ相互作用そのものである。だが実際には、共同体の規範などが、私たちを共同体の構成員となるよう鋳型へと流し込む[注12]。ある共同体で「良い子」や「良い

外国人」であり続けるために、特定の振る舞いが求められる。こうした表現を社会化・文化化、あるいは人間形成が成立した状態と呼ぶことに対して、多くの者は異論を唱えまい。ただし、構成員の規範や基準が各ローカルにおいて異なるかもしれない。共生社会においては、それが顕在化しても、成員には異なることに対する敬意は変わらないという態度・感情・行動が求められる。

　このように、共生社会で生きることは、それを構成する人すべてが関係性を意識し、再設計を続ける過程へ参画することを意味する。非対等な関係性にあっては、上の者・強い者がより歩み寄ることが前提条件となることは言うまでもない。こうして執筆した者やこれを読んでくださっている方が日本社会における各種多数派の側ならば、SDGsは自身をふりかえる鏡として機能する可能性を提供している[注13]。つまり、グローバルな基準が必ずしも普遍的であるわけではない前提で、グローバルな観点から今の自分たちの立ち位置、振る舞い、判断基準、価値体系などを見直す、ローカルな基準や方法を相対化するきっかけとなる。

むすび　足元から「これまで通り」を問い直す

　相手から学び取るには内省的な視点が必要となる。比較教育学は鏡となるような参照点をいくつも用いながら自身をふりかえる学問である。対象となる空間を捉える枠組みが色眼鏡で既に染まっていることを認めた上で、それぞれの事象や内容を自分の空間と関係づけていく。本書で描かれた事例や試みは、読者の空間に直接関係がないように見えたかもしれない。だが、それは与えられた課題をこなす日本の学校教育に慣れてしまい、別の可能性を想像することを無駄に感じる私たちの癖なのかもしれない。

　著者が10年以上調査をする国際環境教育ネットワーク「バルト海」プロ

ジェクト（丸山2014）は、1992年の地球サミットで出された『アジェンダ21』を踏まえて、『バルト海21』を自ら作成した。東西冷戦を経て人の往来が可能となった当時、バルト海の環境汚染に対して理科教師たちが周辺9か国で始めたプロジェクトであった。歴史的に直前の政治体制によって思想の対立があったにもかかわらず、自然環境という共通課題を設定し、理科にとどまらず文化や歴史を組み合わせた共通教材を協働で作り上げていった。同時に各国政府は、その運動体とも呼べる活動を徹底的に陰から支援した。このことは、国連が示すイニシアチブを上からの贈り物としてありがたがるのではなく、自分の足元で可能なこと・すべきことをまとめていく重要性を示しているかのようだ。

　SDGsは国際的に大きな動きであるが、幸いなことに自らの活動へつなげることで他の活動との学び合いや連携を可能にさせる。2021年11月、UNESCOは『私たちの未来を共に再想像する：教育の新たな社会契約』報告書を刊行した。この報告書は2050年の教育を描いたもので、人類と地球のサステナビリティを前提に幅広く「教育の未来」を示す。人間社会が変容する中で教育は重要な役割を担い、しかし包摂的で持続可能な未来を構築するには教育も変容しなければならないと述べる。そうした教育[注14]は私たちの連携によってなされると主張する。今の日本社会が生きづらいのは経済的な理由の他に、閉塞感や関係性構築の難しさがあるとすると、「これまで通り」のやり方では通用しないことを意味する。SDGsをきっかけとし、他の空間や集団との接点を持ち、自らの主体性を拡張し、互いに育つ関係性を作っていくことが共生社会への道と言えるだろう。

注

1 環境問題を社会問題や人権問題と関連づけた最初の国際会議は、1972年ストックホルムで開催された国連人間環境会議であった。しかし、先進国がその経済成長によって環境を破壊したにもかかわらず環境保全を途上国も含めて行うことや、先進国が途上国の自然環境や資源を利用して経済成長したことから、途上国からの反発も大きかった。そのため、環境と開発の国際議論には常に国際協力が含まれるようになった。

2 原文では "Humanity has the ability to make development sustainable to ensure that it meets the needs of the present without compromising the ability of future generations to meet their own needs（World Commission on Environment and Development 1987：S.27)" と記され、和書ではしばしば "without compromising" が抜けて誤訳されている。「未来のために今を我慢せよ」などの規範的なメッセージとなりかねないため、「将来世代の能力を損なうことなく」今の私たちのニーズも満たすことを意識する必要がある。

3 20世紀に組織的暴力が急増したとはいえない。詳細は、スティーブン・ピンカー、幾島幸子・塩原通緒訳『暴力の人類史』上（青土社、2015年）356-360頁を参照。

4 1990年と現在の状態を比べると改善がみられる。
https://anthropocene.info/planetary-boundaries.php（2021年8月13日閲覧）

5 SDGs序文では「もっとも貧しく、もっとも脆弱な人々」との連携が最も重要なパートナーシップとされ、「誰一人取り残さない」ことが繰り返されている。南博・稲場雅紀『SDGs危機の時代の羅針盤』（岩波書店、2020年）Loc：138を参照。

6 どの目標も進めていくと、他と連関し、総合的に取り組むことになる。蟹江憲史『SDGs（持続可能な開発目標）』（中央公論新社、2020年）Loc：592を参照。

7 *Sustainable Development Report 2021*を参照。https://www.sdgindex.org/reports/sustainable-development-report-2021/（2021年8月13日閲覧）

8 教育格差は個人の資質能力だけでなく、家庭背景など社会的側面が大きな要因である。例えば、松岡亮二『教育格差』（筑摩書房、2019年）を参照。

9 ただし、ESDに対して大量に語られる○○教育と同様に「空虚な記号に過ぎない」との批判もある。詳細は、Jickling, B. & Sterling, S. eds.（2017）. *Post-Sustainability and Environmental Education：Remaking Education for the Future*, Palgrave, p.21を参照。

10 Springett, M. & Redclift, D.（2015）. *Routledge International Handbook of Sustainable Development*, Routledge, pp.15-16を参照。しかし、彼ら自身もサステナビリティを用いても曖昧さを回避できないことを認める。

11 Lucas, A.M.（1979）. *Environment and environmental education：conceptual issues and curriculum implications*, Australia International Press and Publicationsをはじめ、環境教育では「in/about/for」を順に「環境の中で経験学習する」、「環境について学習する」、「環境課題の背景を検証し、学習者を変化の担い手として積極的な役割を持つ準備を行う批判的・政治的な学習をする」と見なす手法がある。

12 人間の社会的活動による産物自身が生命を与えられ、独自の力を持つかのうように見え、それを作り出した人間に対して、逆に彼を支配する疎遠な力として現れるようになる「疎外」という表現が当てはまる。岡田敬司『人間形成にとって共同体とは何か：自律を育む他律の条件』（ミネルヴァ書房、2009年）135-136頁を参照。

13 持続可能な社会に向けた変容的学習と「サスティナブルコンピテンシー」の獲得については、Wals, A.E.J.（2010）, "Mirroring, gestaltswitching and transformative social learning：stepping stones for developing sustainability competence", *International Journal of Sustainability in Higher Education*, 11(4)：380-90を参照。

14「生涯学習」は道具的目的で使われるようになったとし、この報告書は敢えて「教育」で通している。UNESCO (2021). *Reimagining Our Futures Together: A new social contract for education*. を参照。

参考文献

- 今村光章『環境教育という<壁>：社会変革と再生産のダブルバインドを超えて』（昭和堂、2009年）

- 鯨岡峻『関係の中で人は生きる：「接面」の人間学に向けて』（ミネルヴァ書房、2016年）

- シュワブ・クラウス、マルレ・ティエリ、藤田正美他訳『グレート・リセット：ダボス会議で語られるアフターコロナの世界』（日経ナショナルジオグラフィック社、2020年）

- ヘンダーソン・レベッカ、高遠裕子訳『資本主義の再構築：公正で持続可能な世界をどう実現するか』（日経BP、2020年）

- 丸山英樹「ユネスコスクール・ネットワークに見られる持続可能性：バルト海プロジェクトと大阪ASPnetを事例に」『国立教育政策研究所紀要』143（2014年）183-194頁

- 丸山英樹・太田美幸編著『ノンフォーマル教育の可能性：リアルな生活に根ざす教育へ』（新評論、2013年）

- メドウズ・H・ドネラ他、松橋隆治他訳『限界を超えて：生きるための選択』（ダイヤモンド社、1992年）

- 吉田敦彦「『オルタナティブ』の三つの意味合い」永田佳之編『変容する世界と日本のオルタナティブ教育』（世織書房、2019年）82-107頁

- Coleman, J.S.（1990）. *Foundations of Social Theory*, MA：the Belnap Press of Harvard University Press.

- Giddens, A.（2002）. *Runaway World：How globalisation is reshaping our lives*, 2nd ed. London：Profile Books.

- Huckle, J.（2004）. Critical realism：a philosophical framework for higher education for sustainability, In Corcoran P. & Wals, A. eds. *Higher Education and the Challenge of Sustainability*,（pp.33-46）, Kluwer.

- Sachs, J.D.（2015）. *The Age of Sustainable Development*, NY：Columbia University Press, pp.2-3.

- Sterling, S.（2013）. The sustainable university：Challenge and response, In Sterling, S., Maxey, L. & Luna, H. eds. *The Sustainable University：Progress and prospects*,（pp.17-50）, London：Routledge.

- Wals, A.E. & Benavot, A.（2017）. Can we meet the sustainability challenge? The role of education and lifelong learning, *European Journal of Education*, 52（4）, 404-413.

- World Economic Forum（2021）. *Global Gender Gap Report*, Geneva：Author.

編著者紹介

● 佐藤一子 (さとう・かつこ)／はしがき・序章・第Ⅳ部第8章

1974年東京大学大学院教育学研究科博士課程単位取得退学、学位 博士 (教育学) (東京大学 2009年)

埼玉大学教育学部講師・助教授・教授、東京大学大学院教育学研究科教授、法政大学キャリアデザイン学部教授を経て、現在 東京大学名誉教授

日本社会教育学会会員 (2005〜2009年会長)、日本公民館学会会員、日本教育学会会員、蕨市社会教育委員、東京都葛飾区くみんカレッジ理事、埼玉県ユニセフ協会評議員

主著・論文

『世界の社会教育施設と公民館―草の根の学び』(共編著、エイデル研究所、2001年)

『NPOの教育力―生涯学習と市民的公共性』(編著、東京大学出版会、2004年)

『イタリア学習社会の歴史像―社会連帯にねざす生涯学習の協働』(東京大学出版会、2010年)

『地域学習の創造』(編著、東京大学出版会、2015年)

『九条俳句訴訟と公民館の自由』(共編著、エイデル研究所、2018年)

『「学びの公共空間」としての公民館』(岩波書店、2018年)

読者へのメッセージ

SDGsは最近メデイアでもよくとりあげられている用語です。けれども私たちの生活の場で、地球環境問題や異なる文化をもつ人々との共生のとりくみが、どれほど互いに繋がり合う実践として根づき、広がっているでしょうか。地域に根ざし国際連帯をめざす「共生への学び」を、足元から多様な視点で探究することが課題です。グローカルな視野でSDGsにむきあい、次世代とともに「共に生きる学び」を創造する道筋を一緒に考えていきましょう。

● 大安喜一 (おおやす・きいち)／はしがき・第Ⅰ部第2章

2014年大阪大学大学院人間科学研究科博士課程単位取得退学、学位 博士 (人間科学) (大阪大学 2014年)

ユネスコ・バンコク及びダッカ事務所教育担当官、岡山大学教授を経て、現在 ユネスコ・アジア文化センター教育協力部長、東京医療保健大学特任教授、岡山大学客員研究員

日本社会教育学会会員、日本公民館学会会員、基礎教育保障学会会員、日本ESD学会会員

主著・論文

「アジアにおける基礎教育の完全普及に向けて―途上国支援と共に相互協力」『基礎教育保障学会年報創刊号』(2017年)

「コロナ禍におけるCLC・公民館のコミュニティ学習活動の展開」『公民館学会年報第17号』(2020年)

Community - based Learning for Sustainable Development, pp.39 -.62, Kult-ur, Vol.6. No.11, 2019

Public Financing of Popular Adult Learning and Education in Japan, *Public Financing of Popular Adult Learning and Education,* pp. 96 – 115, DVV International, 2021

読者へのメッセージ

SDGsは国連が主導し国際的に合意された目標とされています。しかし、ユネスコをはじめ国連機関の主役は加盟国です。17の目標やターゲットを絶対視せず、自分たちの住む地域の特性から、持続可能な社会のあり方を、国内外とのつながりを意識して考えたらいかがでしょう。本書の事例や議論が、皆さんの取り組みへのヒントとなれば幸いです。

● 丸山英樹 （まるやま・ひでき） ／はしがき・終章

広島大学大学院国際協力研究科博士課程前期修了、上智大学大学院総合人間科学研究科論文博士（教育学）（上智大学 2013年）

文部科学省国立教育政策研究所国際研究・協力部総括研究官を経て、現在 上智大学総合グローバル学部教授

日本比較教育学会会員（2017〜現在 事務局長）、日本教育学会会員、日本国際理解教育学会、国際開発学会会員

主著・論文 『ノンフォーマル教育の可能性：リアルな生活に根ざす教育へ』（共編著、新評論、2013 年）

「国際イニシアチブと学力観が描く市民像」佐藤学他編『グローバル時代の市民形成』（岩波書店、2016 年）

「リテラシーとノンフォーマル教育」北村友人他編『SDGs時代の教育:すべての人に質の高い学びの機会を』（学文社、2019 年）

「比較教育学：差異化と一般化の往復で成り立つ」下司晶他編『教育学年報11：教育研究の新章』（共編著、世織書房、2019 年）

Cross-Bordering Dynamics in Education and Lifelong Learning: A Perspective from Non-Formal Education（編著、Routledge、2020 年）

読者へのメッセージ

生涯学習とは、学校教育を繰り返すことではなく、自分にとって意味のある学習をいつでも・どこでも・誰でもできることを指します。持続可能な社会の構築は政府や誰か偉い人がなすものではなく、私たちの日々の生活と学びが織りなすものです。過去の成功体験や「これまで通り」に囚われず「今の私たちと未来の人たちにとって持続可能させるに値するものか」を常に問い続けたいものです。

著者紹介

● 安藤聡彦 （あんどう・としひこ） ／第Ⅰ部第1章

1998年一橋大学大学院社会学研究科博士後期課程単位修得退学、学位 博士（社会学）（一橋大学 1998年）

現在：埼玉大学教育学部教授

日本教育学会会員、日本社会教育学会会員、日本環境教育学会会員

主著・論文

「「公害教育から環境教育へ」再考」、佐藤一子編『地域学習の創造；地域再生への学びを拓く』（東京大学出版会、2015年）

『九条俳句訴訟と公民館の自由』（共編著、エイデル研究所、2018年）

『公害スタディーズ；悶え、哀しみ、闘い、語りつぐ』（共編著、ころから、2021年）

読者へのメッセージ

SDGsはバックキャスティング的思考法の成果と言われますが、私は旧来のフォアキャスティング的思考法、すなわち現実から出発する学習、の重要性を指摘しました。SDGs時代にあっても、積み重ねられてきたこの経験を大切にしたいものです。

● 佐藤洋作 (さとう・ようさく) ／第Ⅱ部第3章

NPO法人文化学習協同ネットワーク代表理事。不登校・ひきこもりの子どもや若者たちのフリースクール主催。国の若者政策の開始とともに、若者自立塾や若者サポートステーション事業、さらには困窮家庭の子どもたちの学習支援などにも取り組む。

主著・論文

『ニート・フリーターと学力』(共編著、明石書店、2005年)

『教育と福祉の出会うところ』(共編著、山吹書店、2012年)

『アンダークラス化する若者たち』(共編著、明石書店、2021年)

読者へのメッセージ

極度の貧困や飢餓の克服が目標ではないが、不登校やひきこもりなどの子ども・若者たちが生きづらさを乗り越えて社会的自立を達成していくための「学習権」保障は我が国に課された課題です。学校外の取り組みを紹介しながらその方途について考えたいと思います。

● 濱田江里子 (はまだ・えりこ) ／第Ⅱ部第4章

上智大学大学院法学研究科博士後期課程単位取得満期退学、学位 博士 (法学) (上智大学 2016年)

現在：立教大学コミュニティ福祉学部准教授

日本政治学会会員、日本比較政治学会会員、社会政策学会会員、日本行政学会会員

主著・論文

「子どもの貧困対策にみるイギリスの社会的投資戦略の変遷」三浦まり編『社会への投資—〈個人〉を支える、〈つながり〉を築く』(岩波書店、2018年)

「日本の若者政策における『若者問題』—就労支援と複合的な困難の位相」宮本みち子・佐藤洋作・宮本太郎編『アンダークラス化する若者たち—生活保障をどう立て直すか』(明石書店、2021年)

「知識基盤型経済における社会保障—社会的投資国家の可能性」『思想』第1156号 (岩波書店、2021年)

読者へのメッセージ

若者の成人期への移行における課題は、経済的な自立だけでなく、自分たちが暮らす社会の構成員として意思決定に関わり、主体的に人生を切り拓いていく過程をどう支えるかにあります。世界中の若者の個人の命、生活、尊厳が守られる社会をどのように構想し、実現するのか、新しい社会を構想する主体としての若者支援政策について共に考え続けたいと思っています。

● 大橋知穂 (おおはし・ちほ) ／第Ⅱ部第5章

ロンドン大学東洋アフリカ学院 (SOAS) 開発人類学部卒、学位 修士 (開発人類学)

現在：国際協力機構 (JICA) パキスタンオルタナティブ教育推進プロジェクトⅡ　チーフアドバイザー

日本社会教育学会会員、日本比較教育学会教員

主著・論文

「発展途上地域支援とコミュニティ学習」『地域学習の創造』佐藤一子他編 (東京大学出版会、2015年)

'Equivalent to Formal Education or Rethinking Education through a Lens of Non-Formal Education: Case Studies of Equivalency Programs in Asia' *Cross-Bordering Dynamics in Education and Lifelong Learning: A Perspective from Non-Formal Education,* Hideki Maruyama (Routledge、2020年)

『未来を拓く学び「いつでも どこでも 誰でも」』(佐伯コミュニケーションズ、2021)

読者へのメッセージ

今世界はすごい速度で変化しています。それを実感できるのは案外「途上国」かもしれません。一度も学校に行ったことがないパキスタンの青年は、携帯で学んで私と英語で会話ができます。でも資格を取るためにNFEの学校に来ます。若者の学び生きる力を教育制度はどれだけ受け止め支えていけるのか、考えてみませんか？

● 山田　泉（やまだ・いずみ）／第Ⅲ部第6章

1975年中央大学文学部（二部）文学科国文学専攻卒業、学位 学士（文学）（中央大学 1975年）
現在：文化庁「地域日本語教育スタートアッププログラム」シニアアドバイザー
日本語教育学会会員、異文化間教育学会会員、基礎教育保障学会顧問
主著・論文
『多文化教育Ⅰ』（法政大学出版局、2013 年）
「『多文化共生社会』再考」松尾慎編著『多文化共生 人が変わる，社会を変える』（凡人社、2018 年）
「移住外国人に関する日本社会の教育格差―日本語教育・生涯学習の視点から―」『異文化間教育』54（異文化間教育学会、2021 年）
読者へのメッセージ
すべての人が対等・平等に参加できる社会の創造を目指す「ノーマライゼーション」を、日本社会において外国人移住者との関係で構築していくにはどうすべきか、真の多文化共生あり方を、共に考えていきましょう。

● 金　侖貞（きむ・ゆんじょん）／第Ⅲ部第7章

東京大学大学院教育学研究科博士課程修了、学位 博士（教育学）（東京大学 2006年）
現在：東京都立大学人文社会学部准教授
日本社会教育学会会員、日本公民館学会会員、異文化間教育学会会員、基礎教育保障学会会員など。
主著・論文
「韓国における「学校の外の青少年」への学習支援の現状と課題、岩槻知也編『社会的困難を生きる若者の学習支援』（共著、明石書店、2016年）
『躍動する韓国の社会教育・生涯学習―市民・地域・学び―』（共編著、エイデル研究所、2017年）
「多様性を包摂する社会教育を目指して」手打明敏・上田孝典編著『社会教育・生涯学習』（共著、ミネルヴァ書房、2019年）
読者へのメッセージ
持続可能な社会を考えていくうえで、多文化共生は重要なキーワードの1つであると思います。違いをもつ異なる他者がどのように共に生きる地域や社会を創れるのか、社会教育の視点から一緒に考えていきたいです。

● 新藤浩伸（しんどう・ひろのぶ）／第Ⅳ部第9章

2010年東京大学大学院教育学研究科博士課程修了、学位 博士（教育学）（東京大学 2010年）
現在：東京大学大学院教育学研究科准教授
日本社会教育学会会員、文化経済学会〈日本〉会員、日本文化政策学会会員など

主著・論文

『公会堂と民衆の近代―歴史が演出された舞台空間』(東京大学出版会、2014年)

デヴィッド・ジョーンズ『成人教育と文化の発展』(監訳、東洋館出版社、2016年)

『触発するミュージアム―文化的公共空間の新たな可能性を求めて』(共編著、あいり出版、2016年)

読者へのメッセージ

SDGsの言葉は、コロナで疲れた私たちの生活実感に届き、暮らしをよくする手がかりになっているでしょうか。『月刊社会教育』(旬報社) 2021年6月号特集「ポスト・コロナの自然と人間―SDGsを問い直す」もあわせてご参照ください。

● **上原直人**(うえはら・なおと)／**第Ⅳ部第10章**

2003年東京大学大学院教育学研究科博士課程単位取得退学、学位 博士 (教育学) (東京大学 2017年)

現在：名古屋工業大学大学院工学研究科教授

日本社会教育学会会員、日本公民館学会会員、日本学習社会学会会員など

主著・論文

『教育法体系の改編と社会教育・生涯学習』(共著、東洋館出版社、2010年)

『近代日本公民教育思想と社会教育―戦後公民館構想の思想構造』(大学教育出版、2017年)

読者へのメッセージ

シティズンシップ教育の展望を描いていく上で、国際的な潮流を理解するとともに、学校内外に広がる多様な実践に着目することが大切です。人権と生活にねざしたシティズンシップ教育の可能性を一緒に考えていきましょう。

コラム執筆者

コラム① **諸橋淳** 国連教育科学文化機関 (ユネスコ) 持続可能な開発のための教育専門官

コラム② **葛西伸夫** 一般財団法人水俣病センター相思社職員

コラム③ **石井山竜平** 東北大学准教授

コラム④ **ラモン・G・マパ／Ramon G. Mapa** PILCD事務局長

コラム⑤ **遠藤理愛** 一般社団法人Voice Up Japan ICU支部

コラム⑥ **島本優子、井口啓太郎** 国立市公民館「コーヒーハウス」ボランティアスタッフ

コラム⑦ **小林普子** 特定非営利活動法人みんなのおうち代表理事

コラム⑧ **添田祥史** 福岡大学准教授、基礎教育保障学会事務局長

コラム⑨ **渡部朋子** NPO法人ANT-Hiroshima 理事長

コラム⑩ **武居利史** 府中市美術館学芸員

索引

257

共生への学びを拓く
SDGsとグローカルな学び

2022年4月15日　初刷発行

編著者　佐藤一子・大安喜一・丸山英樹

発行者　大塚孝喜
発行所　株式会社エイデル研究所
　　　　〒102-0073　東京都千代田区九段北4-1-9
　　　　TEL.03-3234-4641
　　　　FAX.03-3234-4644

ブックデザイン
　　　　株式会社デザインコンビビア（大友淳史、山田純一）

印刷所　大盛印刷株式会社

ISBN 978-4-87168-676-1　Printed in Japan